Impressum

Autor: Dieter Klingel
E-Mail: dklingel@web.de
Lektorat: Ulrike Lion

Verlag Kindle KDP

Dieter Klingel

Aufbruch

So retten wir die Zukunft

Inhalt

Vorwort

Wir leben in einer technologisch hochentwickelten Zeit, aber auch in einer Weltgesellschaft mit bescheiden entwickelter moralischer Verständigkeit für Gerechtigkeit und Frieden. Geisteskraft, Wissenschaft und verfahrenstechnische Befähigung haben seit der industriellen Revolution einen beschleunigt wachsenden Fortschritt und Wohlstand ausgelöst. Sie waren zugleich der fruchtbare Nährboden, aus dem die Begierde nach gedeihendem Luxus und immerwährendem Wachstum der Wirtschaft entsprossen ist. Der aufgereizte Rausch, der sich öffnenden Aussichten und Möglichkeiten, ist bis heute nicht verstummt.

Dazu hat sich eine allgegenwärtige Werbung in der modernen Gesellschaft verbreitet. Geschäftstüchtig suggestiv weckt sie Bedürfnisse und steigert sie zu Erwartungshaltungen nach immer mehr individueller Lebensqualität. Diese brütet unterschwellig das vorbehaltlose Wollen nach immer mehr Haben und Sein, mehr Konsum und Spaß, mehr-Können und Ansehen aus und endet in egoistischer Selbstsucht. In einer offenen und liberalen Gesellschaft kann sich der ausgereifte Egoismus bis zur Gier steigern und rücksichtslos das „Meinwohl“ vor das „Gemeinwohl“ stellen. Das widerspricht zwar dem natürlichen Ethos des inneren Gewissens. Aber versunken und mitgerissen im Überfluss der reichen Industrie,- Konsum-, Wegwerf- und Spaßzivilisationen haben sich Moral und Gewissen gewandelt. Sie haben sich heute in tatenloser Gleichgültigkeit als wirtschaftspolitisch hartherzige Habgier und gewissenlose Ausbeutung über den Globus verbreitet. Im liberalisierten Kapitalismus finden sie den Humus zum Gedeihen und sind zu einer sozialen Weltkrise geworden. Unaufhaltsam hat sich diese in den verworrenen Klüngel einer bedrohlichen Multikrise verflochten. Die erwünschte, dauerhaft ansteigende Lebensqualität haben die mitwachsende Hab- und Machtgier mit Kriegen, Unterwerfungen, Ausbeutungen und Rassismus weitgehend verhindert. Nun ist mit einer neoliberalisierten Globalisierung eine interplanetarische Weltbühne entstanden, auf der sich finanzgierige und wirtschaftspolitische Machtinteressen austoben. Mit Umtriebigkeit und grenzenloser Wachstumssucht haben sie die Ressourcen (Atmosphäre, Boden, Gewässer) unseres Planeten übermäßig ausgebeutet, verschmutzt oder vergiftet. Damit haben sie der Welt eine Serie von Krisen beschert, die das Leben mit ausweitend anschwellenden Katastrophen-Szenarien bedrängen. Der Kampf um Wasser, um die sich verengenden Anbauflächen für Lebensmittel führen heute schon zu kriegerische Auseinandersetzungen. Wachsende Massenfluchten, Rassismus, Wettrüsten, Pandemien, Ausbeutung, Religions- und Kulturfeindschaften können den Planeten in seinen unbewohnbar gewordenen Gebieten in ein Gefängnis von Leid und Elend verwandeln. Mit einem gleichmütigen „Weiter so" steht auch das Leben unserer Kinder und Kindeskinder auf dem Spiel.

Wenn wir heute in die von der Menschheit gestaltete Lebenswirklichkeit blicken, die wir als Erbe der nächsten Generation anzubieten haben, erhebt sich die bange Frage: „Wie konnten wir in kurzer Zeit unseren Planeten mit seiner wundervollen Natur mit so vielen Weltkrisen und ihren Tragödien überziehen? Wie kommen wir aus dieser fatalen Entwicklung skandalöser Zustände wieder heraus in eine bessere Zukunft?" Die Zukunft ist für uns als mit Geist, Vernunft und Gemeinsinn begabten Menschen ein offenes, kreativ gestaltbares Lebensfeld. Das Verhältnis der Vorfahren zu ihren Nachkommen ist grundsätzlich geprägt von einer Leben fördernden Vorstellung, die in ihrer naturgemäß sozialen Wesenheit verinnerlicht ist und in dem gängigen Leitsatz zum Ausdruck kommt: „Unseren Kindern soll es einmal besser ergehen". Die Zeit drängt, in der die zeitlose Ethik des guten Gewissens, die zukunftstauglichen Meilensteine zum innerplanetarischen Gleichgewicht mit Inschriften wie Gerechtigkeit, Solidarität, Barmherzigkeit, Menschenrechte, Frieden und Naturwohl aufstellt.

Hast du allein einen Traum,
wird er ein Traum bleiben.
Haben ihn viele, so wird er Wirklichkeit.
Helder Camara

Empört Euch! – Wir retten vereint die Zukunft!

Die **misshandelte Natur**, als Grundlage allen Lebens, kündigt ihren Notfall an und fordert bedingungslos mehr Achtsamkeit und Schutz. Der Mensch, ihr eigenes geistig hochgradig entwickeltes Geschöpf, hat in kurzer Zeit die meisten, in Milliarden von Jahren entstandenen fossilen Energiestoffe geplündert. Er hat sie als Energieträger verbrannt und die Atmosphäre übermäßig mit Treibhausgasen belastet und somit den **Klimawandel** mit seinen tragischen Folgen entfesselt. Im Gefolge der zunehmenden Bevölkerung und ihrem begehrlichen Maximierungsdenken nach Steigerung des Wohlstandes ist er übergriffig geworden. Für seinen übertriebenen Wohlstand und gierigen Konsum hat er aus dem Boden eine wachsende Fülle und Vielfalt an Nahrungsmittel gewonnen und dabei eine **industrielle Agrarwirtschaft** mit anfälligen **Monokulturen** entwickelt. Mit Kunstdünger, Herbiziden, Pestiziden und Fungiziden ist er dabei, den Boden auszulaugen und zu vergiften. Nach den Befunden der Forschung ist in dieser entarteten Agrarkultur eine Hauptursache für das **Artensterben** in der Pflanzen- und Tierwelt zu sehen. Um eine kostensparende Ernährung mit tierischen Produkten zu sichern, betreibt er eine artfremde, quälerische **Massentierhaltung**.

Die Erkenntnis reift, dass eine biologische und ökologische Achtsamkeit im Umgang mit der lebenden und materiellen Natur notwendig geworden ist.

Antrieb und Kraft zur offensiven Überwindung der andrängenden Weltkrisen erwachsen aus dem Bewusstsein der **Mitverantwortung** und einem zielgerichteten **Optimismus** zum Erhalten der wundervollen Natur auf unserem einen Planeten. Dazu ist uns noch ein historisches Zeitfenster geöffnet, das wir nutzen müssen. Dieser interplanetarische Optimismus darf sich nicht gleichgültig zuwartend unter Katastrophen begraben lassen. Optimismus ist mit Blick auf den derzeitigen Zustand der Welt nur ein anderes Wort für Bewahrung der Erde. Wir haben nur die eine, und sie hat keinen Notausgang. Für alle gilt unerbittlich der Betroffenheitszwang.

Der neuzeitliche Lauf der Geschichte droht in einer Sackgasse zu enden. Längst hat die Überlegenheit der Industriestaaten die Welt einerseits digital zusammenwachsen lassen, andererseits aber auch gespalten in **Arm und Reich**. Die Übermacht und Durchsetzungskraft der Reichen Völker hat sich aus ihrer überlegenen Wissensproduktion, ihrem wachsenden Technologievorsprung, ihrem globalen schonungslos kapitalistischen Finanz- und Wirtschaftssystem sowie ihrer Informationsvernetzung ergeben. Zudem sind die natürlichen, in jedem Lebewesen der Erde angelegten Neigungen nach Überlebenssicherung, Vorherrschaft und Fortbestand im **Wettrüsten** der Großmächte in brisante, den Planeten bedrohende Waffentechnologien ausgeartet.

Uneinsichtig rücksichtslos werden Armutsländer sowie die Ressourcen unseres Planeten ausgebeutet. **Macht- und Habgier** missachten die allgemeingültigen Menschenrechte und die Rechte der Natur. Es ist höchste Zeit, umzudenken und der geschichtlichen Stimme der Aufrichtigkeit nach **Gerechtigkeit, Gleichheit und Solidarität** zu folgen, die uns die globale Weite einer friedfertigen Zukunft auf unserem als Gemeingut geschützten Planeten Erde verheißt!

Lassen wir uns im Wohlstand nicht einlullen von den Errungenschaften und Illusionen eines noch nie dagewesenen irdischen **Lebens- und Kulturreichtums**. Die angewandten Wissenschaften haben eine fortschrittliche Technologie bereitgestellt, die stets neue Erwartungen und Begierden weckt und das Recht auf Befriedigung gleich mitliefert. Wir erleben es tagein und tagaus. Die allgegenwärtigen Medien wecken zielgenau Vorstellungen von vollendeten Freuden und Beglückungen in Erfolg und Spaß. Wer von uns möchte nicht bis ins hohe Alter körperlich fit sein und das Leben mit all seinen verlockenden Angeboten, solange es nur geht, genießen? Das selbstverständliche Dabei-Sein-Wollen und die Angst vor dem Verpassen, treiben an. Außen von starken Angeboten zu Spaß und Glückseligkeit gezogen und innerlich von aufgereiztem Begehren hingedrängt, werden Forderungen nach Maßhalten und Verzicht als Freiheitsentzug verworfen. Das auf die Oberfläche verlegte **Konsumverlangen** verspricht ein Leben in Bequemlichkeit, genussvoller Unterhaltung, Schleckereien, Reisen, kurzum Befriedigung der Wünsche in überhöhter Lebensqualität. Dazu gehören Zeit- und Kraftsparmaschinen, Spül-, Waschmaschinen, Staubsauger, Rasenmäher, Auto, Flugzeuge, Computer usf., wie auch die verlockenden Freizeitangebote für Fitness, Körperpflege, Sportveranstaltungen, Theater- und Musikfestivals, Kreuzfahrtschiffe mit „Traumreisen“ usw. Die innere Stimme der Gier nach Konsum und Spaß zetert: „Los, entscheide und beeile dich! Du kommst schon wieder zu spät und verpasst die schönen Seiten deines endlichen Lebens!“ Doch hat aller Überfluss nicht auch mit Beschleunigung mit **Stress** und Überforderung zu tun? Afrikareisende kehren zurück und berichten von einem erstaunlichen Erlebnis. Sie begegnen dort freundlichen Menschen in einfachsten Lebensverhältnissen, die viel miteinander lachen und ihre innere Freude miteinander teilen, soweit es dort noch ohne Bedrohung möglich ist.

Aktuell lässt die Tempo und Hetze vermindernde **Coronapandemie** die Einsicht reifen, dass begehrlicher Konsum und Spaß nicht unbedingt mehr **Lebensqualität** bedeuten. Das Virus setzt neue Maßstäbe zur Beurteilung eines guten und erfüllten Lebens. Physikalisch betrachtet ist die Zeit im Alltag unveränderbar, nicht aber im persönlichen Zeitempfinden. Abseits von oberflächlichem Luxus und Getriebe erwacht das Gemütsleben bei freundschaftlicher Zuneigung, Hilfsbereitschaft oder liebevoller Hingabe in zeitvergessender Tiefe. Herausgenommen aus Tempo und Zeitdruck gewinnt das Leben eine andere und höhere Qualität in einer wahrhaftigen Lebens- und **Daseinsfreude**.

Die Wissenschaft erforscht und dokumentiert seit über 50 Jahren den bedrohlichen Wandel auf unserem wundervollen Planeten, sucht nach Ursachen und Möglichkeiten, wie der verderbliche Fortgang im Klimawandel, Artensterben, mit Kriegen oder im Turbokapitalismus noch zu stoppen ist. Noch begleitet sie mit angemessenem Rat und einem prophetischen Optimismus das Geschehen, weil alles andere sinnlos wäre, wo doch der Menschheit heute und noch morgen nur ein überlasteter Planet als Lebensraum zugeteilt ist.

Verantwortung für gesicherten und wachsenden Wohlstand wird immer mehr der Staatsmacht angetragen. Aber das birgt, wie die Erfahrungen des letzten Jahrhunderts belegen, existenzielle Gefahren. Der geäußerte Gedanke Bismarcks, „Geschichte wird mit Blut und Eisen geschrieben“, infiziert noch immer das nationalpolitische, populistische **Großmacht- und Wohlstandsdenken**. Dahinter verbirgt sich aber eine ungebändigte, egoistische Macht-, Raff- und Anerkennungsgier, die sich mit erstrittenem Erfolg im völkischen Interesse rechtfertigt und geschickt verbrämt. Die **egozentrische Gier** spaltet, grenzt aus, neigt zu Unterdrückung, Zwist, Ungerechtigkeit und Unfrieden. In unserer mit ABC-Waffen aufrüstbaren und schon zu weitgehend hochgerüsteten Welt ist dieser Zustand Existenz bedrohend. Er ist selbst eine stets gegenwärtig beunruhigend ausspähende, internationale Krise am Abgrund des Zeitenlaufs der Menschheitsgeschichte entlang. Solange eine einvernehmliche Abrüstung in einer globalen Friedenspolitik nicht gelingt, bleibt es fraglich, ob Vernunft und **„Weltethos“** (Hans Küng) bei dem rasanten Auffüllen der militärischen Arsenale noch den verantwortungslosen Einsatz von selbstmörderischen Waffen verhindern werden können?

Naturschänder und hochgerüstete **Großmächte** haben sich auf der nördlichen Halbkugel eingerichtet und beherrschen, begleitet mit zu viel Eigennutz, die Weltpolitik. Solange sich das nicht ändert, bauen sie die menschengemachten Weltkrisen weiter auf. Statt Ressourcenschonung betreiben die Industrieländer im Sinne einer Konsumwirtschaft weiterhin eine **Raubwirtschaft** an den Lebensgrundlagen der Erde. Noch immer wird die Lösung der globalen Probleme beim fortgesetzten Wirtschaftswachstum gesucht. Über Jahrzehnte haben wir uns an eine Welt gewöhnt, die bei beständigem Wachstum Fortschritt gewährt und den materiellen Wertzuwachs steigert. Nichts scheint beschränkt – und alles verfügbar. Die andrängenden **Weltkrisen** zwingen aber zu der bitteren Erkenntnis, dass wir einem Irrtum aufgesessen sind und uns eingestehen müssen, dass unser Weltbild falsch ist. Wir sind enttäuscht, weil wir uns getäuscht haben. Das aufsteigende Gefühl des Kontrollverlustes verbittert und verleitet zu ausfantasierten Verschwörungstheorien. Die Straßen füllen sich mit einfältigen, provozierenden „Querdenkern" statt mit informierten, friedfertig gesinnten und zukunftsorientierten Weltbürgern.

Die Geschichte vom Verlauf unserer menschlichen Epoche kann zur endgültigen Weltgeschichte der dummen, weil so überklugen aber streitsüchtigen Erdbewohner werden. Die täglichen Nachrichten der Medien berichten von globalen Folgen des Klimawandels, des Artensterbens, der Corona-Pandemie, der Hungersnöte und Kindersterblichkeit, des Bildungsnotstandes, Flüchtlingselends, von Ausbeutung, Drogenhandel, mörderischen Auswüchsen des Rassismus und Nationalismus, von Revolutionen und diktatorischen Machtergreifungen, Kriegen, Übervölkerung, Wettrüsten, Waffenhandel und Finanzskandalen. Diese vielfältig bedrohlichen Verkettungen sind Ausdruck der sich wechselseitig durchdringenden und beschleunigt wachsenden Risiken und beklemmenden Notlagen. Diese gigantische **Poly-Krise** erfordert, dass sich Wissenschaft und Politik verbinden und Blick und Sicht räumlich und zeitlich auf

Weitwinkel umstellen. Es geht darum, die global komplexen Zusammenhänge der von Menschen vorwiegend aus Gier und Sucht verursachten Fehlentwicklungen zu begreifen. Dem entsprechend stehen Mittel und Methoden zur Verfügung bereit, mit denen in gemeinschaftlicher Verantwortung die Verirrungen in der Weltgesellschaft und der zu rüde Umgang mit der wundervollen Natur unserer Erde zielführend behoben werden können.

Heute erfahren die jungen Leute ihr Dasein im gegenwärtigen Weltgeschehen als eine rasante Abfolge von schicksalhaften Erschütterungen. Je nach eigener Betroffenheit in mancherlei Naturkatastrophen, im eigenen sozialen Elend, oder mit Blick auf ihre Zukunft stellen sie ihre Vorfahren zur Rede. Was ist eigentlich hier und heute los? Wohin führt das alles? Worin liegen die Ursachen? Wie können wir unsere Zukunft retten?

Mit ihrer wachsenden Einsicht in die Ursachen und den Verlauf der sich verschärfenden Entwicklungsverhältnisse wächst auch die Empörung und findet ihren globalen Ausdruck in der **Wutrede** der 16-jährigen Umweltaktivistin **Greta Thunberg** zum Auftakt des UN-Klimagipfels in New York am 23. September 2019: „Wie konntet ihr es wagen, mir meine Träume und meine Kindheit zu stehlen? ... Alles, worüber ihr reden könnt ist Geld und die Märchen von einem immer anhaltenden wirtschaftlichen Wachstum." Es ist eine Generalabrechnung mit den Politikern, die eine missglückte Weltpolitik zu verantworten haben. Greta klagt an, dass die Politiker die Probleme der Welt nicht verstehen und wirft ihnen vor: „Ihr lasst uns im Stich!"

Was kann man Spitzenpolitikern entsetzlicheres vorhalten, als ihr Versagen, weil sie nichts von den Problemen der Welt, ihrem Kerngeschäft, verstehen? In der bitteren Erfahrung des globalen Krisenzustandes unseres Planeten muss sich die Jugend mit eigenen Vorstellungen zu Wort melden dürfen und mit Herzblut verkünden, wie eine zielführende Weltpolitik aussehen muss, wenn sie die

Zukunft der Menschheit auf unserem einzigen Planeten retten will. Zukunftsforscher warnen schon seit Jahrzehnten vor der eskalierenden Notlage unseres Planeten.

Die **Globalisierung**, die sich auf schnelle Verkehrswege mit immer leistungsfähigeren Transportfahrzeugen und das neue weltweite Kommunikationsnetz stützen kann, hat die Entfernungen zeitlich schrumpfen lassen und die Völker einander näher gebracht. Mit der kapitalistisch freien Handelswirtschaft sind rings um den Globus Zusammenarbeit und Warenaustausch in einem schrankenlos wachsenden **Weltmarkt** Wirklichkeit geworden. Was sich nebenbei aber auch globalisierte, waren die Krisen, der Raubbau an den Ressourcen, die Plünderung der fossilen Energien und ihre Verbrennung, der verstärkte Ausstoß klimaschädlicher Gase, die Umweltverschmutzung, Krankheiten usw.

Über allem wirtschaftlichem Treiben steht das Zauberwort **„Wachstum“.** Die ärmeren Südstaaten erhoffen es sich, um Anschluss und Anteilhabe am Wohlstand der Reichen zu finden. Die Reichen brauchen Wachstum, um immer mehr Konsum, Genuss, Luxus, Spaß, Reisen und Freizeit zu erlangen. Diese Entwicklung zu Gunsten der Wohlhabenden gelingt aber am günstigsten nur zu Lasten der Armen sowie des Planeten Erde. Dieses große Unrecht an den Mitmenschen und der Natur hat nun Umfang, Form und Gestalt in Weltkrisen und ihren dramatischen Auswirkungen angenommen.

Bedrohliche Weltkrisen

Der Klimawandel - eine Bedrohung der menschlichen Zivilisation

Am eindrücklichsten stellen sich die Naturkatastrophen als Folgen des Klimawandels dar. Aktuell erschüttern die mit Wort und Bild von den Medien berichteten **Wasserfluten** in Westdeutschland die Menschen. Bäche verwandeln sich bei örtlich konzentrierten Starkregenfällen in kurzer Zeit in wilde, mitreißende Fluten. Den gewaltigen Wassermassen können Dämme, Häuser, Brücken, Bäume, Straßen vielerorts nicht widerstehen. Zurück bleiben Trümmer- und Schrotthaufen von Autos, Gebäuden, von Einrichtungen und Hab und Gut der verzweifelten Menschen. Zu viele sind in den Fluten umgekommen oder werden noch vermisst. Die Klimaforscher erklären, dass solche Wetterkatastrophen in das Bild der schon vorgezeichneten Klimawandel-Folgen hineinpassen, ebenso wie die immer häufigeren und verheerenderen Wirbelstürme und Waldbrände. Die Frage erhebt sich, wie wir bei den weiteren bedrängenden Weltkrisen unserer Zeit, uns so verhalten können, dass wir sie bewältigen und sie als Chance der Rettung unseres Planeten und der Zukunft der Menschheit einschätzen können. Diese Streitschrift will gewisse Parteien, Regierungen, Manager in der Wirtschaft, sowie Querdenker und Weltbürger kritisch betrachten, weil sie den Klimawandel und die anderen Krisen schlichtweg leugnen Sie bestreiten entgegen Naturgesetze, dass sie von Menschen verschuldet sind. Damit weisen sie alle Verantwortung von sich und belasten mit ihrem bedenkenlosen Fußabdruck Klima und Umwelt weiter zu Lasten der nächsten Generation.

Nach den Kernaussagen geowissenschaftlicher und meteorologischer Studien ist in Übereinstimmung der Fachwelt eindeutig geklärt, dass die Menschheit mit ihren Treibhausgas-Emissionen zunehmend einen natürlich gegebenen **Klimawandel verstärkt und beschleunigt**. Dementsprechend beruhen die Zweifel der Klimawandel-Skeptiker auf den fahrlässig in den Medien verbreiteten Halbwahrheiten bis Falschinformationen. Dabei finden sie ein Publikum, das Zweifel allzu gerne wahrnimmt, um sich von Schuldgefühlen und Konsequenzen entlasten zu können. Selbst hochrangige Politiker spüren aus populistischen Gründen eine Abneigung gegenüber weitreichend schwierigen Aufgaben, während sie sich rührig betriebsam zu gerne den kleineren, alltagsnahen Fragen widmen, die Zustimmung in der Bevölkerung finden und sich leicht lösen und gut zu Wählerstimmen ummünzen lassen.

Aber die Klimawandelfolgen haben sich zu den größten Herausforderungen des Jahrhunderts entwickelt. Das kann verhindert werden; denn für die dazu erforderlichen Technologien zum konsequenten Einstieg in ein **solares Energiesystem** steht eine komplette Werkzeugkiste zum Aufbau bereit. Die Sonne schickt uns frei Haus ein Übermaß an Licht- und Wärmestrahlen, die direkt in saubere Energie umgewandelt werden können. Zudem lässt sich die Strahlkraft der Sonne weitgehend klimaneutral in Wind-, Wasserkraft, Biomasse sowie in der Herstellung des sauberen Energieträgers Wasserstoff dezentral nutzen und verteilen. Dieser Energiegewinn begünstigt kleinräumiges und mithin kapitalsparendes Wirtschaften und vermeidet die Marktmacht multinationaler Konzerne.

Jeder Verzicht auf fossile, schmutzige Energieerzeugung lohnt sich. Er hilft, die problematischen **Folgeerscheinungen** des andrängenden Klimawandels zu vermindern. Mit der Steigerung der jährlich ansteigenden Wärme durch die Treibhausgase verstärken und vermehren sich die Extremwetterlagen wie Wirbelstürme, Starkregenfälle, Hagelschläge, Dürrezeiten, Überschwemmungen, Waldbrände, Waldsterben. Zeitgleich wachsen die Wüsten, schmelzen die Gletscher, das Landeis in Grönland und der Eisschild der Antarktis. Zusammen mit der Ausdehnung bei der Erwärmung des Wassers der Ozeane steigt der Meeresspiegel. Die Hitzesommer beeinträchtigen die Gesundheit und verändern die Statistik der Überlebenschancen alter Menschen.

Der von Menschen gemachte Anteil des Klimawandels begann mit der Industrialisierung vor 250 Jahren, als die steigende **Verbrennung fossiler Brennstoffe**, beginnend mit Kohle, gefolgt von Erdöl und später Erdgas begann. Lange Zeit konnte unser Planet die Treibhausgase (Kohlendioxid, Methan und Lachgas) in Meeren, Wäldern, Mooren speichern. Seit 50 Jahren zeigen sich wachsende Probleme, ausgelöst durch die ansteigende Konzentration der Treibhausgase in der Atmosphäre.

Die **Meteorologen** berechnen und vergleichen die monatlichen und jährlichen Durchschnittstemperaturen mit den vorliegenden Wetteraufzeichnungen aus früheren Zeiten. Fortgesetzt berichten sie von steigenden Temperaturen und häufigeren sowie heftigeren Unwetterkatastrophen. Sie belegen überzeugend den beschleunigten und von Menschen verstärkten Klimawandel mit dem Resultat: Wir überfordern unsere Existenzgrundlagen und fügen unserem Planeten irreversible Schäden zu. Die **Energiewende**, d.h. weg von fossilen Brennstoffen und hin zur regenerierbaren Energie, ist das Gebot der Stunde. Die politisch aufgeschlossene und gebildete Jugend erkennt das und schlägt Alarm. Sie vernehmen das Stöhnen des überhitzten Planeten, beklagen die Nöte der Opfer in den klimatisch bedingten Katastrophengebieten und ängstigen sich um ihre eigene Zukunft. Weltweit vernetzt und unüberhörbar gehen Kinder, Schüler und Studenten mit dem anklagenden Aufschrei auf die Straßen der Welt: **„Wir sind jung, wir sind laut, weil ihr uns die Zukunft klaut!“** Gut so, weil dieser Aufschrei als Ausdruck ihres globalen Protestes das Nachdenken weckt und das Gewissen anrührt. Die globale Jugendbewegung “Fridays for future“ erzeugt mit ihren anhaltenden Demonstrationen immer mehr Druck von unten.

Diese Weltjugendbewegung kann als zivilgesellschaftliches Modellprojekt den Weg zum Erfolg weisen. Es ist höchste Zeit, dass die Rufe von Stephane Hessel: **„Engagiert Euch! – Empört Euch!“** von der mächtig großen zivilen Weltbürgergemeinschaft nicht unbeachtet bleiben. Ein Leitwort von S. Hessel lautet: „Neues schaffen heißt Widerstand leisten. Widerstand leisten heißt Neues schaffen.“

Unter den Folgen des Klimawandels leiden vor allem Menschen in tropischen und subtropischen Ländern, die arm und wehrlos und ohnehin durch Hunger gefährdet sind. Sie haben am wenigsten zur Erderwärmung beigetragen. Ein Nordamerikaner verursacht 100mal so hohe CO_2-Emissionen wie die Bewohner in westafrikanischen Regionen. Die von den **Industrie- und Wohlstandsländern** verursachte Klimaveränderung mit ihren Katastrophenfolgen wirft schwerwiegende moralische Fragen der Gerechtigkeit auf. Ihre Beantwortung entscheidet darüber, ob einmal auf unserem Planeten eine zukunftsfähige und mithin besser und gerechter geordnete Welt möglich sein wird.

Daher ist es auch eine Frage der Fairness, schneller den Ausstoß von Treibhausgasen zu senken. Wir können den Klimaschutz nur mit einer ökologisch geregelten Politik sicherstellen, wenn sie mit einer global gesellschaftlichen Einigkeit verbunden ist. Jeder Mensch ist nicht nur vor dem Gesetz, sondern auch vor der Natur gleich. Das menschlich verständliche **Verursacherprinzip** besagt, dass die Kosten der Vermeidung oder Beseitigung einer Umweltbelastung derjenige tragen soll, der für ihre Entstehung und ihre Schäden verantwortlich ist.

Mittlerweile haben sich engagierte Eltern in „Parents for Future“ und „Fridays & parents for future“ – Bewegungen hinter die Schüler gestellt, um den Druck für möglichst schnelle und wirksame Maßnahmen zum Klimaschutz zu erreichen. Die Zeiten, wo Klimaschutz Sache von einer Minderheit von Schülern war, sind vorbei. Jetzt brauchen sie den Rückhalt aus der gesellschaftlichen

Mitte. Nur massenhafte Bewegungen können die Politik mit Stimmen und Stimmungen auf Wünsche, Erwartungen und Notwendigkeiten aufmerksam machen und zugleich mit ihrem Beispiel immer mehr Wähler für ihre Ideen begeistern. Sie sind eine Warnung vor der Stimmungsmache und Hetze rechter Akteure wie der AfD, der Querdenker und der Verschwörungs-Theoretiker.

Was bleibt ist die Hoffnung, dass alle Weltkrisen mit Ernsthaftigkeit noch rechtzeitig angegangen werden können, ehe sie ihren **Kipppunkt** überschreiten und unbeherrschbar und unbezahlbar über Natur und Bevölkerung unseres ausgezehrten Planeten hereinbrechen. Die Zukunftsforschung ruft ins Bewusstsein, dass und wie menschengemachte Krisen auch mit menschlichen Fähigkeiten wieder zu beseitigen sind.

Die Corona-Pandemie,

eine Plage der Menschheit und ein wirtschaftliches Desaster

Nun hat urplötzlich ein winzig kleines, giftiges Virus, wie aus dem Nichts ausgerissen, die ungeschützte Menschheit aufgeschreckt und in ihrer Umtriebigkeit mit einem unerbittlichen „Stopp“ gelähmt. Schmerzlich macht es bewusst, wie wehrlos und zerbrechlich die globalisierte Welt geworden ist. In den Geschäften fehlen unerwartet Waren des Alltags und lösen Hamsterkäufe aus. Die größten und kleinsten, die nächsten und fernsten, die reichsten und ärmsten Staaten trifft das gleiche lebensbedrohliche Geschick. Alle Bewohner der Erde stehen seit Frühjahr 2020 unter dem Druck der Coronapandemie. Ein banges Gefühl der Ratlosigkeit und Ohnmacht legt sich über die Weltbevölkerung. Ärzte, Krankenpflegerinnen und Krankenpfleger arbeiten bis zur Erschöpfung und verzweifeln. Sie werden schicksalhaft in die Verantwortung gestellt zu entscheiden, wem sie helfen können und wen sie sterben lassen müssen. Die Völker der Welt stöhnen unter dem Diktat der Coronapandemie.

Vorgesehene Operationen bei anderen Kranken werden verschoben, weil Ärzte und Pflegekräfte in den überhastet eingerichteten Corona-Intensivstationen gefordert sind. Doch die Hilfsmöglichkeiten sind beschränkt. Der Weltmarkt an Heil- und Schutzmitteln ist ausverkauft. Überall fehlen Mund- und Nasenschutz, Hustenmasken, Spuckschutzschirme, Schutzbekleidung, Desinfektionsmittel und gefährden die Helfenden. Mit Wucherpreisen in der Not meldet sich eine Coronakriminalität. Intensivbetten und Sauerstoffgeräte fehlen in den Nachbarländern und manche schwer Erkrankten werden in deutschen Krankenhäusern aufgenommen und behandelt.

Das isolierte und einsame Sterben in Krankenhäusern und Altenpflegeheimen ist für die Sterbenden und ihre Angehörigen ein unmenschlich grausames Erleben. Bei den unablässig befragten Virusforschern nach Hilfe, Fortdauer und Schutz fällt immer wieder das Bekenntnis: „Wir wissen es nicht. Sowas hatten wir noch nicht. Wir alle müssen lernen.“ Vor Jahren wurden Krankenhäuser geschlossen, Krankenbetten abgebaut und Pflegekräfte eingespart. Dieser Sparprozess rächt sich nun.

Das Virus wird nicht mehr verschwinden. Es kann immer und überall wieder ausbrechen. Aber die Politiker sind sich alle einig: „Das darf nicht mehr passieren und wir lernen jetzt und wissen, wie wir das Virus beherrschen können.“ Mit dem Abschwellen der großen Welle der Pandemie im Sommer wächst die Hoffnung, die den Alltag einschränkenden Schutzmaßnahmen werden vernachlässigt und die zweite Infektionswelle rollt heran, wie sie die Virologen angekündigt haben - mit unerwarteter Heftigkeit im späten Herbst und Winter. Unvermeidlich folgt der zweite Lockdown mit Einschränkungen der Kontakte, Schließungen von Schulen, Geschäften, physiologische Gesundheits- und Pflegebetrieben, Gaststätten, Hotels und dem gesamten öffentlichen Kulturbetrieb, dazu Ausgangssperren, Einschränkungen von gegenseitigen Besuchen, Streichen von

Familienfeiern und Partys, das Tragen von FFP2-Masken in den Stadtzentren.

Das Virus legt wieder große Bereiche der Wirtschaft und des Handels lahm. Die Zahl der Arbeitslosen steigt unaufhaltsam an. Mit vielen Milliarden Euros muss der Staat die steigende Not in der Wirtschaft und Bevölkerung dämpfen und große wie kleine Betriebe vor Insolvenzen retten. Wie und wann die Verschuldung der vielen Staatshaushalte wieder ausgeglichen werden kann, ist nicht absehbar. Jedenfalls hat das Virus mit seiner Gesundheitskrise noch eine Schuldenkrise zu den bedrängenden Naturkrisen hinzugefügt. Woher sollen die Mittel für die notwendige Energiewende, für den Umweltschutz kommen?

In der Dunkelheit und Trostlosigkeit dieser Zeit erscheint aber auch ein helles Licht am Horizont. Die medizinische Wissenschaft kann den Prüfungs- und Zulassungsstellen wirksame Impfstoffe und Testverfahren vorlegen, und um die Jahreswende beginnen die Impfungen und Testungen. Es setzt ein Wettstreit zwischen den Testungen, Impfungen und den Neuinfektionen des Virus ein. Die noch mangelhafte Bereitstellung der Test- und Impfstoffe kann mit der Infektionsgeschwindigkeit nicht mithalten. Das hat das Virus mit seinen Mutanten aus England, Indien und Südafrika im Frühjahr 2021 in einer dritten Pandemiewelle drastisch bestätigt. Das veränderte Virus wird von der Wissenschaft als infektiöser und im Krankheitsverlauf als aggressiver eingeschätzt. Mehr jüngere Menschen zeigen einen schweren Krankheitsverlauf und sterben. Nun fühlt und zeigt man sich allerorten überrascht über eine so außerordentlich aggressive Eigenart des fortgesetzt mutierenden Coronavirus, dessen verwandter Vorläufer, die Spanische Grippe 1918, mit ihrer Kampfkraft auf sich aufmerksam machte.

Während jetzt in den reichen Industrieländern mit Testungen und beschleunigten Impfungen folgenschwere Ausbrüche vermieden werden können, überfordert die Pandemie in Indien, Lateinamerika und Afrika das mangelhaft entwickelte, unterfinanzierte Gesundheitswesen, und viele Infizierte gehen ohne ärztlichen Beistand elendig zugrunde. Wieder zahlen die Armutsländer den höchsten Tribut. Die Pandemie legt das Ausmaß der gnadenlosen Ungerechtigkeit im Ausgegrenztsein von Impfstoffen und Beatmungshilfen auf unserem Planeten offen.

Am 24. Mai 2021 berichtet die WHO, dass 75% der Impfstoffe gegen das Coronavirus von 10 wohlhabenden Staaten reserviert wurden. Der unsolidarische Impfstoff-Nationalismus bietet keine Lösungsperspektiven, sondern hält das Virus über Jahre mit immer neuen Mutanten aktiv. Eine so narzisstisch angelegte Weltpolitik führt in die Verirrung und gefährdet letztendlich die ganze Menschheit. Mit global nachhaltiger Weltpolitik, getragen von Gerechtigkeit, Verständnis und Vertrauen, hat dieses skandalöse Unrecht nichts zu tun. Wie es in den kinderreichen, armen Völkern zugeht, wird auch für unsere Zukunft immer wichtiger. Wir leben alle im selben Haus und werden nur gut leben können, wenn wir uns um das Wohlergehen aller Mitbewohner kümmern. Nachhaltige Globalisierung ereignet sich nur in einem sozialethischen Orientierungsrahmen, frei von Macht- und Besitzgier.

Im Mai dieses Jahres beginnen hierzulande die täglichen Infektionszahlen zu fallen. Mit berechtigter Zuversicht steigt nun die Hoffnung, dass bis zum Ende des Jahres 2021 das Coronavirus mit seinen Mutanten vorläufig unter Kontrolle gebracht werden kann. Zugleich verbreiten Politiker vor der Bundestagswahl im September zu erleichterndem Trost gedachte Versprechen, dass unsere Konsum- Spaß- und Reisezivilisation im Sommer wieder aufleben kann. Wird damit nicht fahrlässig Hoffnung geweckt und zur verderblichen Fortsetzung der widernatürlichen Gier einer narzisstischen Ichbezogenheit verlockt? Nach alten Grundsätzen, Erwartungen und Gewohnheiten kann das Treiben auf unserem überforderten Planeten nicht weitergehen. Mehr Lebensqualität wird ohne mehr

Gerechtigkeit, Sicherheit und Frieden nicht zu haben sein, zumal das Virus noch zu vielen Völkern den Atem raubt. Weltweit ist kein Ende in Sicht. In den Schwellenländern Südamerikas wächst wieder der Hunger, und die ohnehin unzureichend entwickelten Bildungssysteme kollabieren. Das Virus wirkt in den armen Ländern Afrikas und Südostasiens wie ein Brandbeschleuniger. Die Notsituationen nehmen dramatisch zu.

Das Abklingen der Infektionszahlen sollte deshalb besser an die gerade erst verloschene Erfahrung erinnern, dass weniger Begehren und mehr Bescheidenheit nicht gleich Verlust an Lebensqualität bedeuten muss, sondern auch viele positive, mitmenschliche und naturfreundliche Aspekte freisetzen kann. Die Coronapanik unserer Zeit sollte eine einschneidende Herausforderung der globalen Solidarität fördern. Wir Kleinbürger leben mit einem vertieften Empfinden einer internationalen Gemeinsamkeit und hoffen auf mehr Einigkeit und Einheit sowie ein solidarisches Zusammenrücken der ganzen Menschheit. Das globale Gewissen mahnt eine universelle Einheit in Gemeinschaft und Hilfsbereitschaft an. Eine gemeinsame „Weltinnenpolitik" (C.F.Weizsäcker, 1964) könnte eine Lösung für eine besser geordnete Krankenpflege werden.

Den Naturwissenschaften ist auch ein geräuschlos stiller, aber systemrelevanter Krisensektor nicht verborgen geblieben. Immer nachdrücklicher verweisen ihre Forschungen auf eine folgenschwere Verarmung der Natur.

Das Artensterben

In den letzten Millionen Jahren verschwanden noch nie so schnell derart viele Tier- und Pflanzenarten auf unserem Planeten wie in den letzten Jahrzehnten. Wenn großartige, liebe Wildtiere oder bewundernswerte Wildpflanzen, Früchte tragende Sträucher und

Bäume in der Natur aussterben, weil die schnell wachsende Bevölkerung ihre Lebensräume verändert oder raubt, kann das Mitleid erregen, aber folgenschwer für unser gewohntes Dasein ist dies meistens noch nicht. Die Ursachen liegen tiefer, nämlich dort, wo der Mensch in fahrlässiger Weise die allem Leben zugrunde liegenden Ökosysteme Boden, Meere und Luft übermäßig beeinträchtigt oder verbraucht.

Beim Erklären des Artensterbens richtet sich das wissenschaftliche Interesse auf den weitgehend noch unerforschten, komplexen biologischen Bereich der **Mikrobenwelt i**m Humus. Dahin, wo der seit Millionen Jahren eingespielte biochemische Kreislauf der Natur seit der industrialisierten Agrarrevolution durch den übermäßigen Gebrauch von **Kunstdünger, Pestiziden, Herbiziden und Fungiziden** gestört wird. Doch in der auf Monokulturen mit Massenerträgen ausgelegten Agrarindustrie werden die Böden mit zu viel Chemie belastet. Das fundamentale Artensterben beginnt im Verborgenen, dort, wo Billiarden winzigster Mikroorganismen im Boden die höher entwickelten Lebenssphären der Natur ermöglichen und gedeihen lassen. Dieser komplexe Lebensraum ist ein Universum unter unseren Füßen. In einer Handvoll Humus leben und arbeiten mehr Organismen, als es Menschen auf der Erde gibt. Sie zerlegen die Tier- und Pflanzenleichen in ihre kleinsten Bestandteile, in Moleküle und Atome, bilden Nähr- und Wachstumsstoffe, und halten so den großen **Kreislauf der Natur** in Gang. Als Umweltpolizisten sorgen sie im Boden für Ordnung und Fruchtbarkeit. Das Ökosystem, die Ressource Boden, wird aber durch die Übernutzung und die zugeführten chemischen Dünger und Giftstoffe ausgelaugt und dabei seiner natürlichen Lebendigkeit und Fruchtbarkeit beraubt. In den letzten Jahren hat ihm vor allem das weltweit eingesetzte, strittige Pestizid **Neonicotinoid** zugesetzt. Von dem Produzenten Bayer unabhängige Untersuchungen haben ergeben, dass das Gift nicht nur das Leben der Regenwürmer, Fadenwürmer, Engerlinge, Pilze, Asseln, Einzeller und Mikroben zerstört, sondern in allen Pflanzenteilen nachzuweisen ist und mithin nicht nur für das Bienensterben, sondern auch für das Insektensterben verantwortlich ist. Über die Pflanzenteile erreicht es auch den Menschen, sammelt sich im Körper an und steht im Verdacht Krankheiten und Allergien auszulösen. Durch den Rückgang der Fluginsekten geht auch der Bestand an Vögeln zurück. Durch die langanhaltende Wirkung des Pestizids gelangt es bei Niederschlägen auch in Gewässer und Bäche wo Muscheln, Fliegenlarven, Kaulquappen, Krebse, Flagellaten, Wasserschnecken zu Grunde gehen. Außerdem nimmt ein gesunder, lebendiger Humusboden sehr viel CO_2 auf und liefert einen erheblichen Beitrag zum Klimaschutz.

Ähnliche Prozesse sind auch zu beobachten in den **Meeren** und Ozeanen. Sie versauern, erwärmen sich und werden mit Öl, Plastik und chemischen Giftabfällen verschmutzt. Die **Biomasse der Kieselalgen**, des pflanzlichen und tierischen Planktons liefern große Mengen an Sauerstoff und binden das Treibhausgas Kohlendioxid. Aber ihr Schwinden hat dramatische Folgen für das Artensterben im Meer und ebenso für die Erhaltung einer ausgeglichenen, lebensförderlichen Atmosphäre.

Bei der Nutzung von fossilen Energiestoffen (Kohle, Öl und Erdgas) entstehen die industriell freigesetzten Gase Kohlendioxid, Methan, Schwefeloxide Kohlenwasserstoffe, Stickstoffoxide, Ozon, Kohlenmonoxid, giftige Dioxine, Furane, Feinstäube, Mikroplastikteile. Sie verändern die Ökosysteme der Meere wie auch die Atmosphäre und heizen den Klimawandel an.

Bei der gründlichen Erforschung des Bienensterbens wurde eine weitere Ursache entdeckt. Die angestiegene Kohlendioxidkonzentration in der Atmosphäre führt bei vielen Nutzpflanzen (z.B. Raps, Flachs) zu einem Rückgang der Proteinwerte im Blütennektar und damit seines Nährwertes. Das schwächt die Gesundheit der Bienen und macht sie anfälliger für die tödliche **Varroamilbe**. 75 Prozent der weltweit angebauten Nutzpflanzen für die Nahrungsmittelerzeugung sind auf Bestäuber angewiesen. Ohne sie ist die Lebensmittelversorgung der Menschheit in Gefahr.

Wir können uns heute und zukünftig nicht nur um die Energiewende bemühen, um den Klimawandel zu bekämpfen. Das wäre zu kurz gedacht. Das stille Artensterben wird sich für das Überleben der Menschheit als bedeutsamer erweisen als der Klimawandel. An diesen wird sich die Natur noch länger anpassen können. Doch wenn der gewaltige **biochemische Kreislauf** der Natur seinen Wendepunkt erreicht hat, von dem an unumkehrbare Entwicklungen einsetzen, die ihn zerstören, dann beginnt ein unerbittlicher Kampf ums Überleben. Die Wissenschaft weiß, dass es diesen Kipppunkt gibt, aber keiner kann heute sagen, wie weit wir noch von ihm entfernt sind. Der noch von Hab-, Konsum- und Machtgier angestachelte Ruf nach endlosem wirtschaftlichem Wachstum muss verstummen. Wie ein Weckruf, gerade noch zur rechten Zeit, erscheint ein Virus, das uns den Zustand unserer Erde und seiner vielfach bedrohten Lebenswelt, wie unter einer Lupe vor Augen führt.

Der Turbokapitalismus, oder die interplanetarische Raubwirtschaft

Der Kapitalismus hat einmal versprochen, dass nur er mit seinen offenen Märkten einer wachsenden Weltbevölkerung mehr Wohlstand bringen könne. Er hat auch gezeigt, dass er Armut und schwerste Hungersnöte abmildern kann. Man hat seinem Versprechen vertraut, dass sich der Weltmarkt mit „Angebot und Nachfrage“ selbst regeln könne. Zuversichtlich gewährte ihm die Politik weltweit in seinem dynamischen Entwicklungsprozess rechtlich immer mehr Freiraum.

Unter einem verkannten, sowie politisch verdrängten Blickwinkel hat sich klammheimlich ein im Wohlstandsdenken global herangereifter **Egoismus** in seiner machtgierigen Rücksichtslosigkeit zur umfassendsten und fundamentalsten Finanzweltkrise entwickelt. „Wo der rationalistische Materialismus vorherrscht, entwickeln sich Staaten ... zu Irrenanstalten“ (Carl Gustav Jung). Wie ein Virus infiziert und überlagert er mit vielen Mutanten das finanzwirtschaftliche und politische Sinnen und Entscheiden der Regierungen. Er tritt zunächst als geistige, verhängnisvolle Weltkrise in Erscheinung. Seine unheilvollen Krankheitssymptome äußern sich zunehmend in einer gewissenlosen Einstellung zu Ausbeutung, Korruption, Raffgier und lähmen den Willen zu Gerechtigkeit, Friedfertigkeit, Einigkeit, Gemeinsinn, Nächstenliebe und Naturschutz. Schließlich hat sich die Lage noch weiter verschärft, weil China eine global aggressive Wirtschaftspolitik wissentlich betreibt: Handel bedeutet Macht.

So ist die Weltbühne dieser Krise zum Schauplatz von tragischen Szenenfolgen geworden, die unter der Regie des Turbokapitalismus auf die Stufe einer gut funktionierenden Räuberbande herabgesunken ist. Was noch zählt sind wirtschaftliche Profitmaximierung und politische Machtinteressen.

Die **deregulierte, kapitalistische Globalisierung** mit ungebremster Ausbeutung hat versagt, weil sie weder Moral noch Menschenrechte achtet, die ihrer Gier hätten Grenzen setzen können. Ein ungezügelter Kapitalismus und die ungeregelte Globalisierung sind die Triebkräfte hinter den erschreckenden Fehlentwicklungen einer ungerechten aktuellen Weltwirtschafts-Situation. Als wirtschaftspolitisch genutzte Weltanschauung von den Wohlstandsländern, ist sie mit Blick auf den Zustand der Natur und der armen Völker eine verhängnisvolle Weltkrise. Die Schere der Ungleichheit des Vermögens und der Lebensqualität öffnet sie immer weiter, und hält einen Großteil der Weltbevölkerung in einem Zustand der Ausbeutung, Ausgrenzung und Sklaverei.

Mittlerweile besitzen 42 Milliardäre so viel Vermögen wie die ärmere Hälfte der Weltbevölkerung zusammen (neuer Ungleichheitsbericht der Oxfam). Die **Einkommensungleichheit** wächst in fast allen Ländern an. Wir leben in einer Welt schreiender Ungerechtigkeit, die noch immer mehr Gerechtigkeit einbüßt und keinen sozialen Frieden finden kann. Die Kluft zwischen Gier/Reichtum und Ohnmacht/Elend wird immer tiefer. Offenkundig ist, dass **exorbitante Einkommen** in der Finanzwelt, in der Wirtschaft, im Sport, im Unterhaltungssektor, in der Medizin, der Pharmazie ... gesetzlich geregelt werden müssen, um die maßlose Profitgier zu bändigen und den Überreichen bewusst zu machen, dass „Eigentum verpflichtet."(GG). An diesem Projekt muss jede Volksregierung scheitern, solange keine globale Einigkeit erzielt werden kann, was aber leider zu erwarten ist. Was sich gegenwärtig von den Reichtümern, Betrügereien im Bereich der kriminellen Schattenfinanzplätze in **Steueroasen** offenbart, verrät unmissverständlich, auf welchem Niveau der chaotische, unsolidarische Kapitalismus entartet ist. Das geheim versteckte Finanzgebaren in Betrugsnetzwerken hinterzieht den Staaten der Welt Milliardenbeträge an Steuereinnahmen, die für den Kampf gegen die Weltkrisen fehlen.

Der **kapitalistische Freihandel** steht im Gegensatz zur Ökologie, zum Umweltschutz und Gemeinwohl. Noch wird die Welt von den wohlhabenden, übermächtigen Industriestaaten dominiert. In den Armutsländern werden Bodenschätze und die Ressourcen von Gemeingütern mit einer rücksichtlosen Raubwirtschaft ausgebeutet. Natur- und Lebensräume werden zerstört (Urwälder, Moorlandschaften, Korallenbänke ...) Die unersättliche Gier der leistungsstarken Weltkonzerne befördert den verantwortungslosen Abbau von Bodenschätzen und den schonungslosen Umgang mit Ressourcen. Unsere Erde kann sich nicht so schnell regenerieren, wie sie die wohlhabenden Völker und die gierigen Global-Player verbrauchen. Der Erdüberlastungstag, ab dem die Menschheit auf Pump lebt, fiel 2020 auf den 22. August, d.h. unsere derzeitigen Generationen verkonsumieren $1^1/_3$ Erden und überlasten unseren einen Planeten zunehmend mehr. Eine besondere Verantwortung tragen dabei die Industrieländer, weil sie mehr Ressourcen verbrauchen, als ihnen gerechterweise zustehen.

Die Globalplayer haben ihre Produktion weitgehend nach neoliberalen, betriebswirtschaftlichen Überlegungen in die billigsten Standorte verlegt. Hier werden ohne Umweltauflagen unter entwürdigenden Arbeitsbedingungen und spottbilligen Arbeitskräften auch mit Frauen- und Kinderarbeit die höchsten Gewinne erzielt. So lebt und verharrt der Kapitalismus im Glauben an ein unaufhörlich materielles Wachstum, das Profit, Konsum und Wohlstand garantiert. Das Begehren bei den Armen, satt zu sein, steigert sich bei den Superreichen zu der Fehlhaltung, unersättlich zu bleiben. Diese Einstellung in den Industrienationen und den aufstrebenden Schwellenländern verdrängt die althergebrachte Tugend des Maßhaltens. Beim geschäftlich unheilvollen Deal-Denken werden die Armutsländer immer abgehängt bleiben, weil sie nichts zu einem Deal beisteuern können als ihre billige Arbeitskraft. Der ungebändigte Kapitalismus muss einer interplanetarischen **„Sozialen Marktwirtschaft“** weichen, wenn nicht das Vermögen der superreichen Milliardäre zukünftig aus der Ausbeutung der Armen geschöpft werden darf. Derweil fabulieren unverantwortliche Politiker und Parteien mit kurzsichtigem Blick auf die eigene Nation von notwendigem und nie endendem Wachstum und der beständigen Sicherung eines Lebens im Überfluss. Schon plädiert der Kanzlerkandidat der CDU für schnelles Wachstum, das nach der Pandemie nötig sei, um den Schuldenberg abzutragen, den diese aufgetürmt habe. Dabei verschweigt er aber, zu wessen Lasten die wirtschaftlichen Gewinne zu erlösen sind. Von unserem Planet Erde und seinen ausgebeuteten Völkern wird er keinen hörbaren Einspruch befürchten müssen.

Die politisch notwendigen Überlegungen und Maßregeln reichen heran an weltpolitisch bedeutsame Entscheidungen auf der **Führungsebene der UN**. Um das Unrecht aus der Welt zu schaffen, brauchen wir eine aufgeschlossene Weltpolitik, gesellschaftlich getragen von solidarisch eingestellten Regierungen, Industrien, Organisationen und Parteien. Hier kann nur die gesetzlich geregelte

Zentralgewalt einer **vom Geist der UN inspirierten Weltregierung** erfolgreich sein. In ihrer Weltinnenpolitik geht es darum, dass globale Gerechtigkeit hergestellt wird. Dem steht aber eine sperrig machtgierige Weltpolitik mit aufstrebender Militarisierung entgegen. Das neu entfachte Wettrüsten ist eine alarmierende Entwicklung. Es saugt aus den Haushalten die Mittel, die zur Tilgung der Pandemieschulden und im Kampf gegen die andrängenden Weltkrisen dringend benötigt werden und vergeudet sie sinnlos. Der Waffenhandel führte mit den 29 Kriegen und bewaffneten Konflikten im Jahre 2019 (lt. AKUF, Kriegsursachenforschung) noch zu mehr Hungersnöten und größeren Flüchtlingsströmen. An der steigenden Zahl der Migranten hängen weitere Tragödien in den menschenfeindlichen Zuständen innerhalb der Flüchtlingslager, abgesehen von den Ertrinkenden im Mittelmeer. Fortgesetzt entwickeln sich Spannungen als Folgen der heimatlichen und kulturellen Entwurzelung der Migranten und ihren Problemen bei der Integration in fremden Religions- und Kulturkreisen.

Die Regierungen der reichen Völker müssen unverzüglich umdenken. „Diese Wirtschaft tötet!" So lautet ein vernichtendes Urteil des Papstes Franziskus. Eine gezielt ökologische und soziale Weltwirtschaftsordnung muss auf das Einhalten der Naturgrenzen, den Schutz der Gemeingüter und der Menschenrechte achten. Es geht um reines Wasser, saubere Luft, gesunde Böden, den Schutz des Klimas, der Wälder und Moore, der artgerechten Nutztierhaltung und aller bedrohten Pflanzen- und Tierarten.

Das kann nur gelingen, wenn global bindende, kontrollierbare Regulierungen geschaffen werden, die den Schaden in die Produktionskosten und ihren ökologischen Verbrauch einrechnen. Das würde z.B. den Verbrauch von Atomstrom oder den Verbrauch fossiler Energiestoffe erheblich verteuern. Mit ehrlichen Preisen könnten die Massenproduktion vieler Güter begrenzt und der maßlose Verzehr der Natursubstanz verhütet werden. Es ist höchste

Zeit, dass die Ökonomie der Natur unseres einen Planeten vor einem verantwortungslosen Herabwirtschaften bewahrt wird. Ein Umweltprogramm muss den notwendigen wirtschaftlichen Umbau zu einer kohlenstoffarmen Industrie fordern und fördern, um das Ziel eines maximal beschränkten Kohlendioxidausstoßes zu erreichen und mithin Erderwärmung und Klimawandel zu begrenzen. Menschliche Intelligenz und Erfindungsreichtum liefern Rahmenbedingungen, mit denen saubere Solarenergie preiswerter gewonnen und verfügbar wird als aus den fossilen Brennstoffen. Dazu brauchen wir aber politische Vertreter einer Weltwirtschafts- und Kapitalpolitik, die sich entschieden gegen kurzfristige Profit-Interessen der Konzerne und Unternehmen wenden und das Gemeinwohl aller ca. acht Milliarden Bewohner des Planeten nicht aus den Augen verlieren. Eindeutig gilt ein entschiedenes „Nein" zum Diktat von Geld und Profit, zum Auseinanderklaffen von extremer Armut und arrogantem Reichtum. Die neue Weltwirtschaftsordnung braucht für eine nachhaltige Entwicklung ökologische und soziale Leitplanken. Die planetarischen Grenzen des ökologischen Wirtschaftens und Wachstums sind einzuhalten. Die sozialen Menschenrechte auf Nahrung, sauberes Trinkwasser, Gesundheit, das Recht auf menschenwürdige Arbeit und Bildung sind von den UN als Millennium-Entwicklungsziele formuliert. Spontan erhebt sich aber die Frage: „Kann ein zukünftiger UN-Erdgipfel diesen dringlichen Aufbruch der ganzen Menschheit zu Nachhaltigkeit, Gerechtigkeit und Zukunft des Planeten verwirklichen?" Der „historische Rio-Gipfel" in Brasilien vor fast 30 Jahren markierte den Start für eine global nachhaltige Umwelt- und Klimapolitik. Die Erfolge der vielen nachfolgenden UN-Konferenzen sind ernüchternd. Noch immer verhungern Menschen, haben keinen Zugang zu sauberem Trinkwasser, werden weiter ausgebeutet, Kinder arbeiten, die Böden werden übernutzt, das Artensterben beschleunigt sich, die Klimawandelfolgen werden heftiger. Die notwendige Trendwende zu einer nachhaltigen Entwicklung der Zukunft unseres Planeten bleibt weiterhin eine unerfüllte Hoffnung.

Das zeigt, dass der Mensch nicht multikrisenfähig ist. Er reagiert verständnisvoll auf vorgegaukelte Bedrohungen traditioneller Art, von möglichem Streit und militärischem Kampf gegen den man sich rüsten muss und verliert dabei die größeren unmittelbar drohenden Krisen aus den Augen. Die Profitmaximierer und Bonibanker auf dem Finanzmarkt, die Wettrüster und Waffenproduzenten scheren sich nicht im Geringsten um das Gemeinwohl, dafür umso mehr um ihr „Meinwohl".

Nun ist zu allem Überfluss noch eine menschengemachte Katastrophen-Szenerie ausgelöst worden, die mit der Nahrungsmittel-Spekulation riesige Profite erwirtschaftet. Auf Grundnahrungsmittel (Weizen, Reis, Mais, Soja, Fleisch, ... werden Hedgefonds (Wertpapiere) ausgegeben. Spekulanten kaufen sie in großer Zahl bis zu einem festgesetzten Termindatum. Das Wertpapier verteuert sich und damit steigt auch der Handelspreis des betroffenen Grundnahrungsmittels. Der Preis für Weizen oder Reis hat sich z.B. innerhalb eines Jahres verdoppelt. Bedingt durch den Klimawandel kann bei Ernteausfällen in Dürreperioden oder Überschwemmungen der Grundnahrungsbedarf nicht mehr erwirtschaftet werden. Aktuell müssen im Jemen und am Horn von Afrika Grundnahrungsmittel gekauft werden, die in den Armutsländern Somalia, Kenia, Äthiopien, Sudan keiner bezahlen kann. Diese ungesetzliche aber geduldete Profitstrategie der großen Weltbanken mit ihrem Heer von Spekulanten ist unheilvoller als ein Krieg. Sie steht im Gegensatz zur Ökologie, zum Umweltschutz, zum Gemeinwohl und mordet Kinder, Frauen und Männer, denen an den folgenschweren, planetaren Notlagen die geringste Schuld anzulasten ist.

Wir und vor allem die jungen Leute dürfen das nicht hinnehmen in einer Welt, die zusammengewachsen ist, aber politisch gespalten bleibt (Stephane Hessel, „Engagiert, empört Euch!"). Schaut hin, was geschieht mit dem Geld, das ihr den Banken anvertraut!

Demonstriert vor den Großbanken, Commerzbank, Deutsche Bank, Sparkassen-Gruppe. Sie sollen endlich die Aufrüstungsfinanzierungen und den Bau von Kraftwerken massiv einschränken, die fossile Energieträger wie Kohle, Öl und Gas nutzen. Stattdessen sollen sie den Wandel zur Grünen Energie maximal fördern. Das könnte den Staatshaushalt nachhaltig entlasten. Wir sind es überdrüssig, sie von Klimaschutz, Frieden und Menschenrechte reden zu hören, solange sie aber weiter Machenschaften weltweit unterstützen, die unsere Lebensgrundlagen zerstören. Es ist notwendig, dass die Umwelt- und Menschenrechtsorganisation **„urgewald"** am Weltspartag, 29. Oktober, mit einem Protestbündnis aus verschiedenen Klima- und Friedensgruppen vor den Banken gegen deren Finanzpolitik protestiert und sie auffordert, Ausschlusskriterien für fossile Brennstoffe zu formulieren. Gleiches gilt auch für die Bereitstellung von Krediten, Ausgaben von Aktien und Anleihen an Unternehmen, die Rüstungsgüter an kriegführende Staaten sowie in Konflikt- und Spannungsgebiete liefern. Der neuerlich hemmungslose, weltweite Rüstungswettlauf reiht sich ein in die Gruppe der schon bestehenden Weltkrisen und deren Katastrophen-Folgen.

Die Macht des Geldes ist anmaßend und macht habgierig nach dem amerikanischen Leitwort: „Time is money" (Zeit ist Geld). Aber auf Reichtum und Wohlstand sitzen, macht innerlich leer und einsam. Ein Selbstwertgefühl wächst eben nicht aus einem begüterten Zustand des Habens und rundum Versorgt-Seins, sondern nährt sich aus dem Willen zur Anteilnahme und des Teilens. In verinnerlichter Selbstüberwindung reifen beständige Erfüllung und ein wahres Lebensglück, das alle Einsamkeit eines opulenten Reichtums überwinden kann. Die emphatischen Kräfte des Herzens und der Vernunft bereichern sich an Schwierigkeiten im Kampf gegen Unrecht und Benachteiligung, d.h. Lebenskräfte werden sinnvoll und stark, wo jemand spürt und weiß, wie er helfen kann und wofür er da ist. Eine soziale Marktwirtschaft muss das ausbeutende Geschäftsmodell eines rabiaten Kapitalismus ablösen. Ein „Lieferkettengesetz" ist in

Arbeit, das die Einhaltung von Menschenrechten in internationalen Lieferketten sichern soll. Kein Kind soll auf den Kakao- oder Kaffeeplantagen und keine Frau schutzlos in der Textilindustrie für einen Hungerlohn zum Wohlstand der Reichen schuften müssen. Ausbeutung und Naturzerstörung soll bei der globalen Produktion von Waren eingedämmt werden. Die AfD spricht hingegen populistisch von einer „politischen Amokfahrt".

Es wäre ein Hoffnungsschimmer, wenn in der Pandemiekrise der Gedanke heranreifen könnte, dass die Menschenrechte unteilbar für alle Weltbürger gelten müssen – gerade auch in armen Entwicklungsländern mit schwieriger Menschenrechtslage. Doch Amnesty International beklagt in ihrem Jahresbericht eine zunehmende Verschlechterung der Menschenrechtslage. In vielen Weltregionen ist die Pandemie von Regierungen missbraucht worden, um Rechtsstaatlichkeit und Meinungsfreiheit einzuschränken und Herabwürdigung und Unterdrückung zu verstärken. Der Bericht kritisiert vor allem das Auftreten der wohlhabenden Länder. „Die Pandemie hat die Mittelmäßigkeit und Verlogenheit, den Egoismus und den Betrug unter den Machthabenden dieser Welt verstärkt" (Generalsekretärin Agnes Callamard von Amnesty International).

„Das Welternährungsprogramm der UN, das Soforthilfe leisten soll, kann nicht genug Nahrungsmittel kaufen, um in den wachsenden Flüchtlingslagern die Menschen am Leben zu erhalten. Sie müssen hungernden Flüchtlingen die Aufnahme verweigern. Die sich bereicherten Spekulanten mit Grundnahrungsmittel können ein umso üppigeres Leben im Wohlstand führen, während anderswo auf der Welt die Nahrungsmittelspekulation eine totale Katastrophe ist, die tötet." (Jean Ziegler: „Das Imperium der Schande", 2005 Goldmann Verlag).

Besonders wird gegenwärtig die Benachteiligung ärmerer Länder bei der Verteilung von Schutzausrüstung, medizinischem Gerät,

Impfstoffen, Arznei- und Nahrungsmittel angeprangert. Mithin hat die Pandemie aufgedeckt, „dass die Welt derzeit unfähig ist, bei einem globalen Ereignis mit großen Auswirkungen effektiv und gerecht zusammen zu arbeiten" (Callamard). Eine in 193 Einzelstaaten aufgespaltene Welt wird mit den andrängenden globalen Weltkrisen nicht fertig werden können, und die Gesinnung zu Ungerechtigkeiten, Konflikten und Kriegen wird sich beschleunigen und verschärfen. Die Welt hält den Atem an bei so viel Ungerechtigkeit! Weltbürger, empört Euch! Fordert eine Neue Welt! „Neues schaffen heißt Widerstand leisten. Widerstand leisten heißt Neues schaffen." (Stephane Hessel, Empört Euch!", Ullstein Verlag, S.21) Nur im Gemeinsinn der Solidarität hat die im Friedensgeist der UN-Gründerväter eine friedfertige, besser geordnete Welt als Traum und Ziel der Menschheit eine Chance. Wenn die Welt gerechter und damit auch friedlicher werden soll, kommen wir um eine umfassende Weltinnenpolitik nicht herum. Sie kann zentral die „Generaltugend" Gerechtigkeit zur verfassungsmäßigen Grundlage ihrer globalen Verwaltungstätigkeit zeitnah verwirklichen. **Konsequenz: Fordert eine Weltregierung! Ihre Weltinnenpolitik besitzt in der geballten Kraft der Weltgemeinschaft einen starken politischen Hebel der den ersehnten Wandel anschieben kann.**

Ungerechtigkeiten werden zu Weltkrisen

Ende 2020 waren weltweit **82,4 Millionen Menschen** (etwa die Einwohnerzahl Deutschlands) weltweit **auf der Flucht**, aufgrund von Verfolgung, Konflikten, Gewalt, Armut, Menschenrechtsverletzungen, Krieg. (UNHCR Deutschland). Diese großen Fluchtbewegungen sind kein „kurzfristiges und vorübergehendes Phänomen" Es ist zu einer Weltkrise geworden. „Wir brauchen eine grundlegend neue und positivere Haltung gegenüber allen, die flüchten" (Filippo Grandl, UN-Flüchtlingshochkommissar). Gerade das wird aber immer mehr zum Problem. Das Zusammentreffen der noch uneinigen Religionen und

Kulturen verstärken die Unsicherheiten und verleiten die Regierungen zum Errichten von bewachten Grenzzäunen, den heutigen Wahrzeichen des Unrechts. Je zahlreicher und heftiger sich die interplanetarischen Katastrophen entwickeln und Migranten sich an den Grenzen Europas um Aufnahme streiten, umso lauter und eindringlicher melden sich auch rassistische, populistische, fanatisierte und nationalistische Gesinnungen in der Öffentlichkeit, spalten die Gesellschaft und drängen zu ausgrenzenden, totalitären Machtpositionen. Die Bewegung der „Reichsbürger" rüstet in Deutschland auf zum Kampf gegen die freiheitliche Demokratie. Auch die sich global entwickelnde nationalistische Weltkrise kann kein Nationalstaat für sich bewältigen, wie wir gegenwärtig in der EU feststellen und lernen müssen. Zudem gibt es in Europa zu viele Ungerechtigkeiten. Die Gleichgültigkeiten, besonders gegenüber dem Schicksal der Migranten sind gewachsen. Außerdem wird die Europapolitik von der Finanzwelt und den Interessen der multinationalen Konzerne beeinflusst. Das solidarische und soziale Europa rutscht immer mehr aus der Wirklichkeit in eine Wunschvorstellung ab.

Selbst der Staatenbund der EU scheiterte bisher an der Lösung der Flüchtlingskrise. Auch sie ruft zum Aufbruch hin zu einer Weltregierung mit einer human ausgelegten und steuernden Weltinnenpolitik.

Sie ist auch deshalb unentbehrlich, weil nur sie die globalen gesellschaftlichen Verwerfungen steuern und die Ursachen beseitigen kann, die Menschen dazu zwingen, ihre angestammte Heimat zu verlassen, d.h. wenn überhaupt, dann kann nur sie die Zahl der Flüchtlinge verringern und die Migrationsprobleme packen und beseitigen.

Andernfalls werden es noch viele Millionen Flüchtlinge mehr werden, wenn durch die weitere Erwärmung der Meere und das Schmelzen der Eisschilde in Grönland und der Antarktis der Meeresspiegel steigt.

Hinzu kommt, dass die Häufung und Verstärkung der Wucht der Hurrikans, Tornados, Taifuns, Zyklonen rings um den Globus die Sturmfluten anschwellen lassen und als Wirbelstürme Wohngebiete verwüsten. Nur eine Weltregierung mit ihrer Zentralgewalt und mit einer global auf Gerechtigkeit ausgelegten Weltinnenpolitik kann den sich anhäufenden Weltkrisen ihre mörderische Unerbittlichkeit entreißen.

Klammheimlich entwickeln sich hinter den hervorstechenden Szenarien des Klimawandels und der Pandemien die bedrohlichen, oft politisch verschwiegenen Weltkrisen des Artensterbens, Ressourcenverbrauchs, Wettrüstens, der Vermüllung der Meere, Verseuchung der Umwelt mit Mikroplastikteilchen, Vergiftung des Bodens, der Luft und Gewässer. Jetzt ist die Welt gefangen in einer Polykrise, die politisch verschuldete Ungerechtigkeiten unbeschönigt erfassen lässt. Gerade hier und jetzt ist entschlossenes politisches Handeln gefragt, nachdem zu viel Zeit ungenützt verstrichen ist und die Zeithorizonte des Unheils näher gerückt sind. Eigentlich klingt es gut, wenn der kritische Zustand unserer Erde als weitgehend menschengemacht eingeschätzt werden kann. Daraus ergeben sich auch die Möglichkeiten, die sich verstärkenden Krisen wieder von Menschen zu stoppen und abzubauen. Hilfreich wäre eine breite öffentliche Stellungnahme aller Forscher, die sich mit den Folgen der andrängenden Krisen auf unserem Planeten befassen. Wie es sich in der aktuellen Coronakrise bewährt, sollten sie als sachverständige Berater den Politikern zur Seite stehen, wo es darum geht, die vielschichtig verschlungenen kausalen Zusammenhänge auf unserem überlasteten Erdball durchschaubar zu machen und politischen Fehlentscheidungen vorzubeugen. Eine wissenschaftlich politische Lösung ist denkbar, wenn es gelingt, verständlich und offen darzulegen, wie es mit den Chancen bestellt ist, die genutzt werden können und müssen, um den nachfolgenden Generationen eine nachhaltig geschützte, rechtlich besser geordnete und friedliche Welt übergeben zu können.

Das wird aber schwierig bleiben, solange sich zwischen den Großmächten in West und Ost eine Konfrontationspolitik mit wirtschaftlichen Sanktionen bis zu Embargos zu verhärten beginnt. Aus diesen politischen Verirrungen kann von oben keine vertrauensvolle Friedens- und Entspannungsdiplomatie mit Abrüstungsverträgen erwartet werden. Wettrüsten, Waffenhandel, Stellvertreterkriege und Terror werden die Menschheit als eine feuergefährliche politische Weltkrise forthin erhalten bleiben. Umso dringlicher erforderlich ist die Stärkung der Weltorganisation auf dem Weg hin zu einer demokratischen Weltregierung mit dem Prinzip Recht und Gerechtigkeit.

Es kann nicht gleichgültig hingenommen werden, wenn Hilfswerken bei anhaltender Militarisierung die Mittel für Nothilfen vorenthalten werden. „Es ist ein Skandal, dass die Umsätze der 25 größten Rüstungsfirmen weltweit steigen, während das Geld für eine nachhaltige Bekämpfung des Hungers fehlt. Aktuelle Studien zeigen, dass jährlich 40 bis 50 Milliarden Euro in den kommenden Jahren bis 2030 ausreichen, um keinen Menschen mehr hungern zu lassen" (M. Mogge, in der Neuen Osnabrücker Zeitung vom 14.12.2020).

Ersparen wir uns die Aufrüstung gegen fiktive, militärische Feindbilder. Damit wir dabei nicht in ein weiteres menschengemachtes Wettrüsten-, Kriegs- und Terror-Szenario hineinschlittern, ist jeder Euro für Klimawende, Umweltschutz, Frieden und Gerechtigkeit nötig. So bleiben uns die Mittel für eine Zukunft sichernde Technologie und eine gerechte Weltwirtschaft in einer friedlich von Menschenrechten geordneten Welt. Krieg unter den Großmächten ist ohnehin seit Hiroshima und Nagasaki undenkbar geworden. Wer kann sich einen Staat oder ein Staatenbündnis vorstellen, das ein kriegerisches Bedrohungspotential gegen einen NATO-Staat mobilisieren wollte? Wenn aber doch, dann sei an Einsteins Worte erinnert: „Welche Waffen im 3. Weltkrieg zum

Einsatz kommen, weiß ich nicht, aber ich bin mir sicher, im 4. werden es Steine und Stöcke sein."

Jede Regierung, die sich ernsthaft darum bemüht, der nachfolgenden Generation eine Zukunft in Gerechtigkeit, Frieden und angemessenem Wohlstand zu sichern – und das wollen doch eigentlich alle – sollte das politisch heute scheinbar noch Undenkbare ernsthaft bedenken. Nur eine interplanetare Weltregierung kann mit einer robusten Weltinnenpolitik alle Weltkrisen schnell, preiswert und nachhaltig bezwingen. Allerdings müssen die Nationalstaaten dazu bereit sein, ein bisschen Macht, einen Teil an Waffen und Militär an die Weltregierung abzutreten. Dieser Verzicht wird aber belohnt mit mehr Sicherheit und Frieden, mehr Gerechtigkeit und Wohlstand. Die europäische Staatengemeinschaft EU kann in ihrer Entwicklung und ihrem bisher erreichten Zustand, wenn auch noch mit behebbaren Mängeln, als Vorbild dienen. Sicherheit und seit 75 Jahre Frieden, das haben die westlichen Völker der EU noch nicht erlebt. Wohlstand und Sicherheit wecken in weiteren Staaten den Wunsch, Mitglied dieser Friedensunion zu werden. Viele Flüchtlinge riskieren ihr Leben, um hier Aufnahme zu finden.

Zur politischen Unterstützung der Begründung einer Weltregierung werden jetzt Einsatz und Unruhen auf den Straßen der Welt mit friedlichen Demonstrationen erforderlich, um die Führer und Lenker der souveränen Staaten zum Umdenken und Handeln zu bewegen. Mit den Demonstrationen der Jugend für eine Energiewende und den Friedensbewegungen, aber auch mit der wachsenden Partei der Grünen und der Linken ist schon Bewegung in eine hoffnungsvolle Entwicklungsrichtung gekommen. Auf eine wachsende, zielführende Dynamik kann nicht verzichtet werden.

Von dem weltweit anerkannten Physiker Stephen Hawking stammt die bedenkliche Prognose, dass die Menschheit dabei sei, ihren eigenen Untergang in den nächsten 100 Jahren vorzubereiten. Aus seinen Erkenntnissen ergab sich die Gewissheit, dass sich die globalen Weltkrisen, wie sie sich aneinanderreihen, in Wechselwirkung ungelöst durchdringen und verschärfen und die Welt weiter zum Abgrund drängen. Hawking wusste noch nichts von dem Coronavirus und konnte die desaströse Pandemie noch nicht in seiner Apokalypse abbilden.

Hindernisse im Kampf gegen die Weltkrisen

Der Egoismus in der Weltpolitik

Eigentlich brauchen wir in aller Bedrängnis und Gefahrenlage nicht zu verzweifeln. Eine mit Geist und Vernunft ausgestattete Menschheit findet mit hoch entwickelter Wissenschaft, qualifizierter Ingenieurskunst, solidarischer Wirtschaftspolitik im Rahmen einer demokratischen, auf Menschenrechten verfassten Weltregierung, Vorstellungen von Weg und Ziel, wie sie sich Zukunft und Überleben sichern kann. So können Krisen auch in positive Zukunftschancen verwandelt werden. Längst hat sich der Mensch in seinem Werdegang auf der Erde an die Spitze allen Lebens gestellt. Er kann nicht untergehen, solange das Corona-Virus ihm nicht Verstand und Besinnung raubt. Nichts und niemand wird ihn bezwingen können, es sei denn, er selbst betreibt global gesellschaftlichen Selbstmord.

Das ist allerdings nicht ganz auszuschließen, wenn Gier, Zwietracht und Machtpolitik sich in Wirtschafts-, Kultur- und Religionszwistigkeiten verheddern sowie mit militärischen Auseinandersetzungen den wundervollen Planeten verheeren.

Der Konsum-, Wegwerf-, Spaß- Reise- und Wohlstandszivilisation blieben die globalen Veränderungen auf dem Planeten lange verborgen. Wissenschaftler, die sich vorwagten, „Grenzen des Wachstums“ (Club of Rome) aufzuzeigen, wurden als Schwarzmaler missachtet. Bei den empor gekommenen Wirtschaftsbossen, Politikern und Klerikern mit ihrer Macht-, Anerkennungs- und Habgier haben sie kein Interesse gefunden. Die klammheimlich anwachsenden Weltkrisen wurden verdrängt, kleingeredet oder vertuscht und manche leugnen sie noch bis heute. Zwar zeigen die Weltkrisen ihre Symptome, aber nicht alle eindeutig ihre Ursachen. Wie bei Krankheiten besteht das Risiko, dass sie falsch gedeutet werden. Im Internet kursieren Halbwahrheiten, und phantasiereiche Fakes vertuschen die unangenehmen Wirklichkeiten.

Nun hat eine vom Prozess der **Globalisierung** beschleunigt angetriebene, in sich verschlungene Polykrise unseren Planeten erfasst. Mit vielen unverkennbaren Folgeszenen hat sich der bedauernswerte Zustand unseres Planeten offenbart.

Doch Leidensdruck und Angstpegel vor den Folgen dieser Weltkrisen sind wohl noch nicht hoch und bedrückend genug, um zu begreifen, dass wir alle im gleichen Boot sitzen, das einem Wassersturz zutreibt. Wir sind als eine Schicksalsgemeinschaft unterwegs und dürfen nicht darauf hoffen, dass bald ein rettendes Ufer am Horizont erscheint. Jeden Tag kommen wir näher an die Klippe. Jeder muss sich auf seine Weise einsetzen, das Boot zu wenden, kraftvoll und geordnet gegen den Strom zurück zu rudern, um dem bedrohlichen Ende zu entgehen.

Der Mensch ist ein aus der Natur hervorgegangenes Lebewesen, das sich ihr mit Vernunft und Geist angenähert hat. Seit der industriellen Revolution hat er sie zu eigenen Zwecken immer mehr missbraucht und beherrscht. Sein eigennützig beutegieriger Umgang mit ihr lässt sich nicht als klug und zukunftstauglich einschätzen. Immer deutlicher setzt die Natur Schranken gegen seine menschliche Überheblichkeit und ungebändigte Gier. Er muss der Natur wieder ihr Vorrecht zugestehen, dass sie die Grundlage seiner Existenz war, ist und bleibt. Der überheblich auftretende Homo sapiens muss lernen und sich eingestehen: Er braucht die Natur, aber sie nicht ihn. Die

Natur fragt nicht danach, was politisch möglich ist, sondern bestimmt, was physikalisch nötig ist.

Die von den Menschen ausgelösten Weltkrisen haben mittlerweile Ausmaße angenommen, die zeitnah eine globale, zusammengeballte Gemeinschaftsleistung erfordern. Doch ein zielführendes Streben hin zu einer vereinten Weltregierung, die einen soliden, naturwissenschaftlichen und Erfolg versprechenden Fahrplan aufstellen und überwachen könnte, bleiben bei machtgierigen Obrigkeiten ausgeklammert. Sie fürchten Macht-, Anerkennungs- und Profitverluste. Was Ein- und Unterordnungsbereitschaft betrifft, sind sie nicht die Stärke von Emporkömmlingen und ehrgeizigen Karrieristen.

So sind von der traditionellen Weltpolitik solidarische, auf die Natur ausgerichtete Strategien nicht zu erwarten. Es sei denn, dass die Masse der kleinen Leute, die Zivilgesellschaft der Weltbürger z.B. nicht gleichgültig und unterwürfig hinnehmen, wenn ihre Regierenden das Wettrüsten für wichtiger erachten als die Lösung der andrängenden, globalen Naturkrisen unseres hinsiechenden Planeten. Stattdessen verstärken sie die militärische Aufrüstung, vergeuden schamlos die Mittel und zu viel Zeit zur Bekämpfung der Zukunftsprobleme. Zeitgleich befördern sie die geschichtlich machtpolitisch schlimmsten Weltkrisen, Kriege, Unterwerfung, Ausbeutung, Spaltung und Terror - ein überzeugender Beweis, dass das herkömmliche politische Denken noch kein globales, die Zukunft gestaltendes Profil erkennen lässt. Stattdessen werden fadenscheinige, überkommene und aufhetzende Feindbilder vor den Untertanen entworfen. Das täuscht Verantwortung in Sicherheitsfragen vor, löst Aktionismus in kostspieliger Aufrüstung aus, propagiert ein Gefühl der Stärke und verschafft der Führungsschicht Macht, Rechtfertigung, Anerkennung und Regierungsgewalt. Dabei träumen alle Menschen dieser Welt von Frieden, Freundschaft, Gerechtigkeit, Gleichberechtigung und

Solidarität. Doch die Weltpolitik scheint immun zu sein gegenüber diesen Träumen.

Erfolgreiche Politik hat im Verlaufe der Geschichte nur von Stärke, Gewalt, Überlegenheit, Unterwerfung und Ausbeutung die gewünschte Anerkennung gefunden, wie es Bismarcks „Blut- und Eisenrede“ kurz und bündig zum Ausdruck bringt.

Doch Feindschaften, Kriege, Unterwerfungen, das ging noch nie gut, weil Revanchegedanken alle vollstreckten Machtansprüche stets mit Groll und Hassgefühlen begleitet wurden und die geschaffenen Zustände vergifteten. Bedrohung weckt Gegenbedrohung und Gewalt führt zu Gegengewalt, wie uns die zeitnahen Kriegshandlungen in Syrien, Palästina, im Jemen und die Gewaltausbrüche in Afrika bezeugen. Kriege und „Erbfeindschaften“ entpuppen sich in der Rückschau als schweres Versagen der Politik.

In den bestehenden Militärbündnissen werden sich nun wieder die hochgerüsteten, unangreifbaren Atommächte mit der Begründung von noch mehr Aufrüstung und mit den allerneuesten Militärstrategien präsentieren. Die politisch Großkopferten sollten sich mal lieber an denselben fassen und sich fragen: „Was erlauben wir uns eigentlich? Kann unser Wettrüsten, die Aufrüstungen und Waffenlieferungen der gemeinsame Wille der Erdenbürger sein und dem Erhalt unseres geschändeten Planeten dienen?“ Gibt es noch Schamgrenzen beim Verbrennen der Mittel, die zum global ausgerichteten Einsatz im Kampf gegen die Natur-, Hunger- und Flüchtlingskrisen dringend nötig sind? Sich am runden Tisch gemeinsam treffen, global denken und planen, wäre das nicht klüger, weitsichtiger und historisch verantwortlicher, als sich immer neue Feindbilder auszumalen?

Dazu müsste einer der sechs oder acht Großmächtigen oder der Generalsekretär der UN, Antonio Guterres, die Initiative ergreifen und zu einem Weltfriedensgipfeltreffen einladen. Es ist kaum vorstellbar, dass ein eingeladenes Staatsoberhaupt diesem historisch einmaligen und einzigartigen Ereignis fernbleiben wollte. Keiner möchte es doch versäumen, vor der Weltöffentlichkeit seinen Friedenswillen zu bekunden. Das könnte eine vielversprechende Diskussionsbasis mit Blick auf eine friedfertige Weltregierung hervorrufen.

Falls dies nicht zeitnah von oben zu verwirklichen ist, muss mit dem Druck von unten, auf den Straßen der Welt in friedlichem aber entschlossenem Empören der globale Wunsch und Wille nach einer handlungsfähigen, gewählten Weltregierung im Geiste der UN-Verfassung unverzüglich eingefordert werden. Das Zeitfenster, wo Kipppunkte der Weltkrisen überschritten sind und der interplanetare Umsturz unwiderruflich wird, schließt sich immer schneller.

Mittlerweile wachsen menschengemachte Weltkrisen größeren und bedrohlicheren Ausmaßes weiter heran. Zwar wird der Mensch den Planeten als Ganzes nicht zerstören können, aber er kann sich selbst an den Rand des Aussterbens befördern. Das könnte die großartige Lebenswelt zwar entlasten und ihrem kreativen Schaffen neue und freie Entfaltungsmöglichkeiten bieten, aber Absicht und Ziel, unseren Nachkommen eine menschenfreundliche, nachhaltige Welt zu übergeben, wäre peinlich verfehlt.

Nun trifft die unheilvolle Corona-Krise die hilflose Bevölkerung in den Armutsländern, den Flüchtlingslagern und Slums der Großstädte in ihrer ganzen Grausamkeit und löst neue Flüchtlingswellen aus. Solange aber das Virus dort nicht ausgehungert wird, können auch die wohlhabenderen und geimpften Völker vor seinen Mutationen keine Sicherheit finden. Einen ausreichenden Bereitschaftsaufwand gegen Epidemien oder gar Pandemien können sich die kleinen und armen Völker nicht leisten. Ein staatlich organisiertes Gesundheits- und Krankenversicherungswesen funktioniert ohne zahlungskräftige Beitragszahler nicht. Die Armen leiden und hoffen, dass die wohlhabenden Völker bald genug Schutz gegen das Virus unter sich verteilt haben und Impfstoffe und Tests auch ihnen zur Verfügung gestellt werden.

Weltreligionen in Zwietracht

„Kein Frieden unter den Nationen ohne Frieden unter den Religionen – Kein Überleben unseres Globus ohne Weltethos!“ (Hans Küng, „Spurensuche“, Piper Verlag, 1999, S.9). Dieses **Weltethos** meint nicht Religionsersatz oder Einheitsreligion, sondern hat Format und Fülle eines weltumfänglichen, toleranten Dialogs zwischen den Weltreligionen. Es begreift sich als ein „Bemühen um den dringend erforderlichen Frieden zwischen den Menschen“ (Hans Küng ebd.) unabhängig von verschiedenen Religionen oder Kulturen dieser Welt.

Alle natürlichen und menschengemachten Weltkrisen stärken das Empfinden, dass nur in einer global einigen und vereinten Gemeinschaft ein Überleben der Menschheit möglich sein wird. Bleiben wir optimistisch! Selbst in der Vielzahl der pluralistischen Kulturen sind im menschlichen Geist und Gemüt die Leitlinien des Weltethos beheimatet und können als gemeinsamer Schatz geborgen werden. Sie begreifen und bekennen sich:

1. zu einer Wirtschaft mit Moral und Gerechtigkeit,
2. zu einer Wissenschaft mit Menschlichkeit, Weisheit, Sinn und Zweck zur Krisenbewältigung,
3. zu einem Wohlstand mit Gewissen, Mäßigung und Solidarität,
4. zu einer Bewahrung des Planeten Erde mit Naturschutz, Ressourcenschonung, Klimaschutz, Erhaltung der Tier- und Pflanzenarten,
5. zu einer sachverständigen Bildung und menschenfreundlichen Erziehung nach den Werten der Gleichberechtigung,

Menschenrechte, Nächsten- und Naturliebe, Toleranz- und Friedenswahrung,
6. zu einer demokratischen Weltpolitik, des Friedens, der Abrüstung, der Völkerverständigung, und einer solidarisch sozialen und ökologischen Marktwirtschaft.
Im Weltethos stecken Mut und Kraft zur Einigkeit und der Wille zur Einheit. Sein guter Geist formt und erhält jede menschliche Gemeinschaft von der Volksgemeinschaft bis zur Europäischen Union, hin zu Religions- und Kulturgemeinschaften bis schlussendlich zur globalen Weltgemeinschaft. All diese Gemeinschaften können auch von einem unguten Geist befallen und sprichwörtlich „von allen guten Geistern verlassen sein". Jede Gemeinschaft mit mangelhaft ausgeprägtem Weltethos zeigt die gleichen psychischen Krankheitssymptome: Innere Unausgeglichenheit, Freudlosigkeit, Unzufriedenheit, Verbitterung, Missfallen, Unbehagen. Das führt zu Zwiespalt, Auseinandersetzung, Ausgrenzung, Verachtung, Hass und endet in großen Gemeinschaften mit Rassismus, Verfolgung und Krieg. Fehlt das Weltethos, fehlt die Basis für Einigkeit, Einheit, Gerechtigkeit und Frieden. Existenz und Fortbestand sind bedroht. Alle getroffenen Entscheidungen, gesetzte Regeln und Anordnungen, ganz gleich welche Lebensbereiche sie betreffen, müssen darauf bedacht und beurteilt werden, ob sie am Ende zur Einheit oder zur Spaltung führen. Jeder einzelne Mensch trägt dazu seine persönliche Verantwortung.

Doch wie kann sich ein Weltfriedensethos entfalten, wenn z.B. Religionsgemeinschaften bis heute in der Gewissheit verankert sind, dass nur sie allein die einzige und ganze Wahrheit aus göttlichen Offenbarungen sowie aus universellen Eingebungen der Vernunft besitzen und nur ihnen die Gnade der Alleinseligmachung und der Erlösung zuteilwerden kann? Aus diesem überheblichen Standpunkt der Erhabenheit gegenüber anderen Religionen leitet sich einerseits die Verpflichtung zur Missionierung und Bekehrung der Andersgläubigen zu deren Heil und Segen ab. Andererseits schlägt diesem aufdrängenden Ansinnen entschiedene Ablehnung und scharfe Ausgrenzung entgegen. Unterschiede in den Glaubenslehren können sich zu fanatisiertem Hass und religiös verbrämter Streitsucht steigern. Statt gegenseitige Achtung und Anerkennung zeigt blanker Hass seine Zähne, wo sich Andersgläubige als vermaledeite Ungläubige gegenüberstehen. Wie kann friedliches Miteinander möglich sein, wenn Glaubenslehrer die unterschiedlichen Glaubensvorstellungen als eigene und unverzichtbare Wahrheiten begreifen, gemeinsame Auffassungen verkennen, und nicht als mögliche Brücken zum Andersgläubigen wahrnehmen? Die Menschheitsgeschichte durchzieht bis heute eine breite Blutspur religiöser Exzesse, mit bestialischen Grausamkeiten bis zum Völkermord. Als Beispiele sei erinnert an die Sachsenkriege Karls des Großen, an die Kreuzzüge, an den Dreißigjährigen Krieg, als Glaubenskrieg zwischen Protestanten und Katholiken, an die Judenverfolgungen bis zum Holocaust, an die gegenseitigen Anfeindungen im arabisch-muslimischen Raum, an den fanatisch fundamentalistischen Islamischen Staat (IS), an die mörderischen Überfälle und Raubzüge des Boko Haram in der Sahelzone u.a.

Für Atheisten waren und sind die gespaltenen Religionen noch immer zündende Feuer des Unheils und Unfriedens in unserer Welt. Die lange vertuschten und nun aufgedeckten Missbrauchsfälle, die sexuellen Entgleisungen bis ins römische Zentrum wurden von den Medien als Skandale vermarktet. Dazu kamen Berichte von zu üppig und verschwenderisch eingeschätzten Ausgaben für die Renovierungen eines Bischofssitzes in Limburg, sowie der eitel überhebliche Umgangsstil des Bischofs in Gremien und Interviews mit aufgedeckten Unwahrheiten. Der Bischof wurde von Rom abberufen. Das alles wirkte wie ein Brandbeschleuniger, und immer mehr Menschen verabschieden sich bis heute von Religion und Kirche. Vertrauensverluste, religiös fanatisierte Terroristen, Glaubensspaltungen und Religionskriege sind ebenfalls ein fundamentaler Bestandteil der gegenwärtigen globalen Poly-Krise.

Auch er muss überwunden werden, wenn der Weltfrieden keine Utopie bleiben darf.

Das wird nicht leicht sein. Über Religionen lässt sich bekanntlich trefflich streiten. Doch blicken wir getrost auf den Zustand der noch gespaltenen, christlichen Kirche. Der vom hohen Klerus in Rom überlieferte Gottesglaube ist nicht mehr der Normalfall. Die einst fraglos übernommene, unreflektierte Glaubensbotschaft wird hinterfragt. Der soziale und religiöse Nahraum vermag nun nicht mehr die Riten, Gebote, Glaubenssätze, Dogmen und Moralvorstellungen automatisch zu einem gefestigten Glaubensleben in den Nachwuchs hineinsozialisieren. Die alten pastoralen Leitbilder der Volkskirche schwinden und die Spendung der Sakramente wird nur, um dem Rahmen einer Feier mehr Glanz zu verleihen, zur Dienstleistung abgewertet. Der gemeinschaftliche Lebensraum der Volkskirche deckt sich immer weniger mit dem bürgerlichen Lebensraum der Menschen. Dass sich die christliche Kirche auch noch in ihren vielen Spaltungen darstellt, macht sie als Glaubensgemeinschaft nicht attraktiver. Aber die Kirche ist auf neuer Weise veränderbar, ohne ihr weh zu tun. Ein wesentlicher Teil des Kircheseins ist in ihren geschichtlichen Sozialformen auszumachen. Das Leben Christi stellt sich dar in der Erfüllung des höchsten Gebotes, das ihm im Auftrag seines Vaters an die Menschen mitgegeben ist, nämlich die Gottes- und die Nächstenliebe. Die alten kirchlichen Leitbilder und das vorherrschende hierarchische System sind nur noch in Resten zukunftsfähig. Die Verheutigung der Kirche öffnet den Lebensraum aus der Eingebundenheit in der Pfarrei hinaus. Damit schwindet zugleich auch der einhergehende Zwang der alten Volkskirche, und ein geistiger Wachstumsraum kann sich auf den Fundamenten des Weltethos entfalten. Ein neuer Weg des Volkes Gottes zu allen Menschen und allen Religionen bietet sich zum Fortschreiten an. Die neue Kirche erlangt eine Brückenfunktion und eine Sozialgestalt mit gemeinnützigen und wohltätigen Vollzügen, so wie sie in der südamerikanischen Befreiungstheologie verwirklicht werden. In den unterentwickelten Armutsländern mit Hungersnöten, Wassermangel, Unterdrückung, Ausbeutung stellen sich Missionare hilfreich neben die Leidenden. Diese erfahren die Nächstenliebe und christliche Barmherzigkeit, wünschen getauft zu werden, und die Kirche wächst.

Das Glaubensangebot der vor Ort wirkenden Schwestern und Brüder von Ordensgemeinschaften steht im Zeichen der bedingungslosen Gottesliebe zu den Menschen. Die traditionelle Vorstellung von einer **genötigten Gottesliebe aus Gottesfurcht** aus dem Alten Testament spielt keine Rolle mehr und ist ausgewechselt mit der Botschaft Jesu von einem liebenden und barmherzigen Vater im Himmel. Für die heutige Missionsarbeit ist es Geschichte geworden, dass die Führung der berufenen Kirchenleitung Rom im Mittelalter das gottesfürchtige Leben der demütig gehorsamen Gläubigen verschärfte und sich bis vor 60 Jahren noch daran klammerte. Traditionalisten in Rom können sich noch heute schwer von dieser Auffassung lösen, weil sie erkennen, wie mit ihr Macht und Einfluss auf die gläubigen Untertanen schwinden.

Die gefühlige Verschmelzung der Gegenpole Furcht und Liebe werden zum Einklang und zu einem bewährten Werkzeug, gewissermaßen zu einem psychologischen Hebel, der mit einer klug bedachten Mischung von Bedrohung einerseits und Heilsversprechen andererseits mit der durchgängigen Frömmigkeit den Machterhalt über die Gläubigen sicherte.

Bis vor 60 Jahren war im Nachruf auf die Lebensweise eines einfachen, sittsamen Verstorbenen, im Text auf den verteilten Sterbebildchen zu lesen: „Der/die Verstorbene führte ein gottesfürchtiges Leben.“ Diese häufig genutzte Sprachformel war gedacht als vorbildliche Erinnerung an den Verschiedenen für die Nachwelt. Ein in Gottesfurcht erfülltes Leben meint zugleich ein in gläubiger Gottesliebe vollendetes Dasein.

Doch im gesellschaftlichen Alltag stellt die freie Meinungsbildung der aufgeklärten Demokratie die Glaubenslehre - Gottesliebe aus Gottesfurcht - als verbrämtes Machtgehabe bloß. Pater Hille schreibt in seinen Aphorismen: „Gottesfurcht ist Gotteslästerung", ein deftiges Urteil über 2000 Jahre gängige Christenlehre. Mit ihr konnte die Kirche auch alle schwierigen Zeiten überstehen und war nie ernstlich vom Untergang bedroht. Gerade bei Unterdrückung und Verfolgung unter unchristlichen Diktatoren war sie gestärkt hervorgegangen. Es hatte sich gezeigt, dass die Kirche gerade in schweren Zeiten, wie Weltkriege und Hungersnöte mit Not und Bedrängnis am meisten gefragt war und ihre größte Machtentfaltung erlebte.

In den letzten Jahrzehnten verloren die strengen Kirchengebote, die bei Missachtung als Todsünden galten, ihre Schrecken. Todsünden, die den Verlust der heiligmachenden Gnade zur Folge hatten, mussten vor dem Tode gebeichtet werden, sonst war der Himmel verschlossen und die Pforte zu ewigen Höllenstrafen geöffnet. Als Todsünden galten bei Nichtbeachtung die Fastengebote, das Fleisch verbietende Freitagsgebot, der Gottesdienstbesuch mit Predigt an Sonn- und Feiertagen, die Beichtgebote, das sonntägliche Arbeitsverbot, das Gebot der täglichen Gebete, der Ehebruch, Gebote im Sexualleben, der priesterliche Zölibat, das Eingehen einer Mischehe, Einhaltung der Gelübden der Armut, Keuschheit und des Gehorsams im Klosterleben, dazu kamen die Zweifel an Dogmen und zentralen Glaubenssätzen. Die gläubigen Katholiken gingen von der Taufe bis zum Grabe an der kurzen Leine. Doch eine wachsende Zahl der Christen in den Wirtschaftswunderjahren vergaß bei den verlockenden Angeboten des Alltags das Beten, empfand die anspruchsvollen Erwartungen der Ortsgeistlichen als überzogen und schließlich lästig. Das lebendige Glaubensleben wurde entkräftet und gelähmt. Die Gottesdienstbesucher beschränkten sich immer mehr auf die alten Leute. Immer weniger der Jungen gingen noch zur Beichte. Fastengebote und Freitagsgebot gerieten in Vergessenheit.

Werbung und Filme empfanden sich als Erlöser aus der Prüderie. Niemals hätte die Römische Kirchenführung zwanzig Jahre früher die Leine von sich aus gelockert. Aber die jungen Leute haben sich einfach nicht mehr um die kirchlichen Einschränkungen, Gebote, angedrohte Strafen gekümmert. Um überhaupt noch eine höhere Zahl von Gläubigen erreichen zu können, wurden Vorschriften gestrichen, strenge Gebote und Todsünden verweichlicht und mithin das kirchliche Glaubensleben entspannter und bequemer.

Was früher undenkbar war, ist durch massenhaft friedliche Nichtbeachtung Wirklichkeit geworden. Eine Erfahrung, wie sich auch menschenfeindliche, politische Entscheidungen durch Nichtbeachtung oder passiven Widerstand verhindern lassen. „Stellt euch vor, es ist Krieg und keiner geht hin." (Carl Sandberg). Volksmassen gewinnen mehr Aufmerksamkeit und verfügen über mehr politische Macht, als sie selbst glauben.

Im Islam wird die Gegensätzlichkeit von der Glückseligkeit in sieben Himmeln und der Höllenqualen noch radikaler ausgemalt und die Liebe zu Allah, dem Größten, noch bedingungsloser in der Höllenfurcht verankert.

Das kann innerkirchlich wie global nicht nur von der Vorstellung einer wechselseitigen Toleranz geleistet werden. Es muss ein Weltmodell der Einheit aller Religionen und Kulturen gefunden werden, das auf dem tragfähigen Fundament des Weltethos beruht. Nur dieses kann alle Abgrenzungs- und Identitätshascherei eindämmen. Es müssen nicht mehr alle Unterschiede religionstrennend ausgelegt werden. Mit dem Weltethos können alle Religionen und Kulturen ein gemeinsames Zeugnis der Menschlichkeit und Einheit ablegen. Dann macht auch eine vertraglich formulierte, sichtbare Einheit Sinn, die auch Verschiedenheiten in Glaube und Kultur versöhnt und Solidarität und Frieden gewähren kann. In Deutschland und im westlichen Europa hat vor allem die 500jährige Spaltung der christlichen Kirche in Katholiken und Evangelische viele Krisen in der Geschichte ausgelöst. Nun pflegen Basisgruppen in der Initiative **„Kirche von unten"** seit 1980 in Deutschland einen kritischen Dialog mit den kirchlichen Obrigkeiten. Auf einem eigenen Kirchentag 1987 erscheinen Spruchbänder wie „Theologie der Befreiung – auch für uns",- „Glasnost in Staat und Kirche", -„Jesus kommt von unten"- „Neuer Wein in neue Schläuche". Im ökumenischen Netzwerk werden Klerus und Kirche, mit ihrer negativen Stellungnahme zur Segnung gleichgeschlechtlicher Partnerschaften als „erschreckend, zerstörend und rückwärtsgewandt" beurteilt.

Die **ökumenische Bewegung** im Christentum strebt eine weltweite Einigung und Zusammenarbeit der verschiedenen Konfessionen an. Im gottesdienstlichen Glaubensleben soll in Fürbitte und Gebet der anderen Kirchen gedacht werden. Sie erscheinen in der Welt von heute nicht mehr als minderwertig, sondern als bereichernde Form der Gottesverehrung. In konfessionsübergreifenden Gottesdiensten, in Bibel-, Gebets- und Gesprächskreisen auf der Ebene der Kirchenleitungen vor Ort werden verbindende Begegnungen gepflegt und gemeinsames, gesellschaftlich mitfühlendes Denken und Handeln ermöglicht. „Mitgefühl ist das Schlüsselwort für Religionsfrieden und Einigkeit" (Dalai Lama). Wenngleich eine große Mehrheit der Gottgläubigen, durchaus auch im Sinne von Papst Franziskus, die Zeit für Versöhnung, Frieden und globale Einheit gekommen sieht, gibt die von der Tradition und Dogmen gefesselte Glaubenskongregation im Vatikan nicht auf und verteidigt die Spaltung mit ihrer Überzeugung, allein im Vollbesitz der allgemeingültigen Wahrheit und der alleinigen Seligmachung zu sein. Der Kirchenhistoriker Hubert Wolf sieht die katholische Kirche in Gefahr, auf den Weg zu einer „fundamentalistischen Sekte" zu geraten. Die Kirche stürzte durch die Philosophie der Aufklärung in eine fundamentale Krise, weil die katholischen Aufklärer den vernünftigen Gründen für Glauben und Kirche nachspürten, um möglichst viel Freiheit für die Katholiken zu erreichen. Der fundamentalistisch orientierte Klerus setzte sich aber im Ersten Vatikanischen Konzil 1870 mit dem Unfehlbarkeitsdogma des Papstes durch und begründete die auf Rom konzentrierte Papstkirche. Papst Pius IX. konnte in seiner Absolutheit verkünden: „Die Tradition bin ich – Die Kirche bin ich.“ Damit haben die Traditionalisten die Kirche nach innen zentriert, die Machtfülle des Papstes ausgebaut und konnten sich der bedrängenden Freigeister der Aufklärer erwehren. Die katholische Glaubenskongregation Roms bewacht mit Argusaugen den Schatz der Dogmen und Glaubenslehren. Dennoch erhebt sich die Frage: Ist der Katholizismus bei den Krisen der Zeit, den Skandalen innerhalb der Kirche, dem Glaubensschwund mit den Kirchenaustritten, dem sich beschleunigten Priestermangel nicht zu einem Auslaufmodell geworden? In dieser offensichtlichen Notlage versuchen noch gläubige, aber frustrierte Kirchenkritiker sich in Reformbewegungen, wie der „Kirche von unten“, „Maria 2.0“, „Der Synodale Weg“, oder die Einwände von Katholiken bei unterschiedlichen Meinungen der Bischöfe auf ihren fruchtlosen Vollversammlungen nach Antworten zu einer zeitnahen und gedeihlichen Fortentwicklung. Doch das festgefahrene Machtgefüge in Rom verharrt in sturem Glauben, dass die gesetzten Wahrheiten überzeitliche Wahrheiten bleiben müssen. Aber im Leben in einer freiheitlich aufgeschlossenen Demokratie mit Gleichberechtigung der Geschlechter, mit Menschenrechten und Gewissensfreiheit müssen und können doch randständige Veränderungen möglich sein, die den wahren Glaubenskern nicht verletzen. Heute sagen sogar Bischöfe, die Offenbarung sei noch nicht abgeschlossen und man müsste von der Gesellschaft lernen, von den sog. Humanwissenschaften sowieso. Und dass dies auch möglich ist, dafür gibt es viele Beispiele. In der Enzyklika „Humanae Vitae“ 1962 war die Pille zur Schwangerschaftsverhütung mit schwerer Versündigung belegt. Die bis ins letzte Jahrhundert unvorstellbare Feuerbestattung ist fast schon zur Regel geworden. Die Feier der tridentinischen Messe am

Hochaltar hat das Zweite Vatikanische Konzil mit der Deutschen Messe abgelöst.

Nicht dass dies von der Kirche angetragene Reformen waren. Aber die Menschen haben diese Traditionen und Gebote aus Rom einfach nicht oder nicht mehr angenommen. So sind aus Ablehnungen kirchliche Reformen geworden. Heute stehen Fragen an, zu deren Lösungen sich Rom noch verschließt: Warum wird den Priesteramtskandidaten der Zölibat nicht freigestellt? Warum darf ein Priester eine gleichgeschlechtliche Verbindung nicht segnen? Warum wird Frauen die Weihe zum Priesteramt verweigert? Warum dürfen evangelisch Gläubige nicht am Abendmahl der Katholiken teilnehmen? Die Frage, wie Leib und Blut Jesu Christi beim Abendmahl anwesend sind, symbolisch oder wesenhaft real, hat das westliche Christentum schon im Mittelalter in verschiedene Konfessionen gespalten.

Mitglieder des Zentralkomitees der deutschen Katholiken (ZdK) sehen keinen Fortschritt im Reformprozess des Synodalen Wegs zur Zukunft der Kirche in Deutschland und Europa, weil ihnen Rom und einzelne starrsinnige Bischöfe Steine in den Weg legen. Wenn die Delegierten merken, dass Rom seine Macht ausspielt und gar nicht reagiert, müssen sie auch den Mut zum Aussteigen aufbringen. „Wir haben derzeit eine einmalige Chance zu Reformen", weil in dieser kirchlichen Notlage so viele Priester, Bischöfe und gläubige Laien Reformen in der Kirche für unverzichtbar halten. „Und wir haben einen Papst, der solche Reformthemen zumindest formuliert" (Präsident des ZdK).

Ein gegenwärtiges, ermutigendes Symbol, wie der Religionsfrieden vor Ort verwirklicht werden kann, wenn sich Gläubige gemeinsam auf den Weg zu dem Einen Herrn machen, entsteht auf dem Petriplatz im Zentrum von Berlin. Am 27. Mai 2021 wird der Grundstein für ein 40 Meter hohes Gotteshaus gelegt, in dem um einen zentralen Begegnungsraum eine Synagoge, eine Kirche und eine Moschee als weithin sichtbares interreligiöses Zentrum errichtet werden. Der Rabbiner Nachama, der Imam Sanci und der evangelische Pfarrer Hoberg hatten die Idee, das Dreireligionenhaus als gemeinsames Gebetshaus zu erbauen. Der Name **„House of One“** bezieht sich auf den Glauben der beteiligten Religionen an den einen Gott. Mit dem überzeugenden Leitwort: „Sie träumen vom Frieden? Dann bauen Sie mit!“ sind die Spendengelder reichlich geflossen. Hierbei stellt sich das im Glauben Verbindende fassbarer, glaubhafter und begeisternder als das Trennende dar. Der weltweit einzigartige Bau verwirklicht sichtbar den Geist der „religiösen Einheit in versöhnter Verschiedenheit“ (Kardinal Karl Marx, München). Der Grundstein ist ein unübersehbar eingemeißeltes Zeugnis dafür, wie drei Geistliche niederen Ranges vor Ort, wo sich heute noch drei unterschiedliche Weltreligionen begegnen, den ökumenischen, versöhnenden Weg wagen. Was hier geschieht, reicht von unten her an den utopischen Wunschtraum vom Religionsfrieden für alle Zeit und Zukunft heran. Beispielhaft lädt der Geist Gleichgesinnter dazu ein, das „Weltethos“ vom Religionsfrieden in den gemeinsamen, globalen Lebenshorizont zu stellen. Machen wir alle mit, stellen wir uns alle an, bereit, diesen Weg, den die religiösen Obrigkeiten noch versperren, gemeinsam mitzugehen!

Alle Weltreligionen setzen mit ihrem Auftrag zur Nächstenliebe auf ein gutes und gerechtes Miteinander, ein Ringen, selbst wenn es auch in einer multikulturellen Welt schwierig sein kann. Dennoch muss sich auch kirchliche Politik anpassungsbereit und tolerant bewusst werden, dass Gerechtigkeit und Religionsfrieden direkt zum Sinn des Lebens führen. Ihre politischen Entscheidungen müssen sich an diesem Ziel orientieren, um die Weltkrisen erfolgreich bewältigen und die Zukunft retten zu können.

Das ist auch möglich, und der Religionsfrieden darf keine Utopie bleiben. In den großen abrahamitischen Weltreligionen und ihren Abspaltungen werden drei eigenständige Gottheiten mit verschiedenen Namen und unterschiedlichen Glaubenssätzen, Liturgien, Festen und Bräuchen verehrt. Doch jeder dieser Gottheiten wird auch verherrlicht als Schöpfer dieser einen wundervollen Welt. Demnach hätten drei Schöpfer Jahwe, Gott und Allah unabhängig voneinander das gleiche Universum geschaffen. Jeder Schöpfer tritt in Erscheinung als der einzige, große, allmächtige, allwissende, allgegenwärtige und allbarmherzige Herr der Welt. Jeder wohnt mit seinen Heerscharen und mit allen erlösten Gläubigen und Märtyrern in seinem eigenen Himmelreich in ewigem Frieden und unbeschreiblicher Glückseligkeit. Diese drei Gottheiten sind in ihrer Wesenheit identisch. Die einzige Abweichung ist ihre bedeutungslos unterschiedliche Namensgebung. Warum sehen wir uns gespalten, wenn unsere Glaubensmitte dieselbe ist? Unterschiede und Widersprüche im kulturell konkreten Glaubensleben sind menschengemacht. Riten, Zeremonien, Feierlichkeiten, Symbole, Gebete, Opfer, Verehrungen sind alles nur von frommen Menschen ausgedachte unterschiedliche, äußerliche Förmlichkeiten. Sie verleiten dazu, den gemeinsamen Kernpunkt, die wesensgleiche Gottheit zu verkennen und verleiten zur tragischen Spaltung mit Missachtung, Ausgrenzung, religiösen Streit bis zu ausgeartetem Krieg und Terror.

Christen, Muslime und Juden, empört euch gegen diese heillos widersinnige, menschenverachtende Barbarei. Es ist doch unbegreiflich, dass Religionen, deren Gott als der Barmherzige erkannt und verehrt wird, mit diesem Allbarmherzigen sich bekriegen und sich die schlimmsten Gräueltaten zufügen. Statt unserem kranken Planeten Religionsfrieden zu bescheren, wird er mit der schrecklichen Weltkrise Religionskriege belästigt.

Das gemeinsame Gebetshaus soll zum Meilenstein und zur Mahnung auf dem Weg zum Religionsfrieden werden. Er ist ein bedeutender Grundstein, auf dem eine alle Völker verbindende Weltregierung aufgebaut werden kann.

Wettrüsten, die größte Schande der Menschheit

Der abgewählte amerikanische Präsident hat wiederholt angekündigt, feste Stationen zur Atomraketenabwehr im erdnahen Weltraum einzurichten. Damit hat er ein mögliches, irrwitziges Schlachtfeld um unseren Erdkreis angedacht und einen kostspieligen Rüstungswettlauf angeschoben, der nun hoffentlich international nicht umgesetzt wird. Warum die große Verschwendung von Geldmitteln nicht der Bekämpfung von Armut in der Welt, selbst in den USA, in Russland, China und Indien vorbehalten sein sollen, lässt sich nicht erschließen. Auch nicht die Sprüche der deutschen Verteidigungsministerin und des Transatlantik- Koordinators (beide CDU): „Wir müssen selbstbewusster auftreten. Wir müssen mehr Führungsverantwortung übernehmen“, d.h. nach ihrer Gesinnung mehr militärische Aufrüstung zur Sicherheit der EU, „aber auch für unseren Wohlstand“ betreiben. Hier plädiert öffentlich mit geballter Faust vor dem Mikrophon ein bedeutsamer, politischer Vermittler und Berater für das Auf- und Wettrüsten. Stehen dahinter nicht ein überholtes Denken und Handeln nach Einstellungen des letzten Jahrhunderts mit zwei barbarischen Weltkriegen, an denen Deutschland maßgeblichen Anteil hatte? Nach unseren Aufrüstern „müssen wir geopolitisch stärker führen in Europa aufgrund der veränderten globalen Realitäten.“ Wie wahr! Wenn sie doch diese Realitäten in den unwiderstehlich andrängenden Weltkatastrophen-Szenarien erkennen könnten! Sie sind der planetarische Feind, der die Natur und Menschheit an vielerlei Fronten angreift. Atomwaffenkampfjets, Panzer, Raketen, ABC-Waffen, Schlachtschiffe, Drohnen usw. sowie Aufrüstungen im Weltall sind keine nützlichen Waffen und Strategien in diesem Kampf gegen die menschengemachten Krisenlagen in unserer Gegenwart. Im Gegenteil: Ihre Produktion und Inbetriebnahme belasten die

Atmosphäre, vergeuden Ressourcen, verschmutzen Land, Luft und Meere. Gerade Deutschland fände größere Beachtung und Anerkennung, wenn es zunehmend mehr vorbildliche „Führungsverantwortung" auf dem Weg in eine nachhaltig besser geordnete, Sicherheit und Lebensqualität gewährende Weltpolitik übernähme. Was die Wahlen betrifft, wird allgemein zutreffend formuliert: „Es soll der gewinnen, der die Aufgaben der Zeit versteht. .... der die internen Wunden heilt.," - Jawohl! Doch jeder, der sich in Wort und Tat am Wettrüsten beteiligt, wird zu einem globalen Multikrisen-Dynamiker - und im September sind Bundestagswahlen.

Das Verteidigungsministerium Deutschlands hat der Nato für das laufende Jahr einen Betrag in Rekordhöhe von 53,03 Milliarden Euro für Verteidigungsausgaben gemeldet (Info der Deutschen Presse Agentur, DPA am 08.02.2021). Hier lässt sich auch in der obersten Führung unseres Volkes ein Umdenken hin zu einer zeitgemäßen Zukunftsperspektive vermissen.

Der Generalsekretär der Nato-Zentrale hat deutlich gemacht, „dass er vom neuen US-Präsidenten Druck beim Thema Aufrüstung erwartet." So billig wird versucht, den selbst gewollten Druck zum Wettrüsten zu begründen und weiterzureichen, statt mit gemeinsamen Überlegungen die existente kriegerische Bedrohung abzuschätzen und den Waffenbedarf für eine eventuelle Notwendigkeit der Verteidigung glaubwürdig belegen zu können. Aber bisher wartet der Generalsekretär noch immer vergeblich auf die so dringend erwarteten Aufrüstungsforderungen des amerikanischen Präsidenten. Wie peinlich! Nun droht er mit „seinen Bemühungen um eine deutliche Steigerung der Gemeinschaftsausgaben für Abschreckung und Verteidigung zu scheitern. Nach Informationen der DPA haben etliche Alliierte in bündnisinternen Beratungen deutlich gemacht, dass sie nicht bereit sind, seine zu weitreichenden Vorschläge zu unterstützen" (Trierischer Volksfreund am 9. März 2021). Ein Lichtschimmer am Horizont einer sinnvollen Verwendung der Mittel zur Krisenbewältigung. Klimaziele und Aufrüstung passen nicht zusammen. Dazu liegen dem Verteidigungsministerium eindrucksvoll das missglückte Anschaffungsgeschäft vom Schützenpanzer Puma vor, der den Marder ersetzen soll. 330 Exemplare sind ausgeliefert und stehen mit einer „unbefriedigenden Einsatzbereitschaft“ herum. Es gab „Mängellisten von über 1000 Posten“, deren Abarbeitung immer noch nicht abgeschlossen ist. Der Heeresinspekteur hat dem Puma das Etikett „Problempanzer“ angeheftet. Bei der Auftragsbestellung vor 20 Jahren bei Rheinmetall &Krauss Maffay sollten 405 Panzer zum Preis von 3,1 Milliarden Euro ausgeliefert werden. Mittlerweile hat sich der Preis mehr als verdoppelt. Nur noch 350 Panzer sollen mit ihren entstandenen Entwicklungskosten nun 5,9 Mrd. Euro kosten, d.h. ein Stückpreis von 17 Millionen Euro.

Die Auftragsbücher für Rüstungsgüter sind Sammlungen von Fehlplanungen und Steuerverschwendungen bei rollenden, schwimmenden und fliegenden Großkampfgeräten. Doch was haben sie alle und der Puma insbesondere mit Klimazielen zu tun?

Der Energieverbrauch bei der Herstellung des 41 Tonnen schweren Panzers ist extrem hoch. Der Hersteller ist jedoch nicht verpflichtet, dem Klimarat darüber Auskunft zu geben. Der bemängelte Puma kommt im Klimaabkommen nicht mit seinem Kettenabdruck vor. Sowohl die Emissionen bei der Herstellung wie auch bei den Betriebsstunden werden von allen militärischen Fahrzeugen nicht aufgezeichnet. Es gibt diesbezüglich keine Kontrollen und Bilanzen der Militärs. Alle Emissionen der vergessenen Klimasünder landen unerfasst und nicht verantwortet in der Biosphäre. Doch nach den technisch verwertbaren Daten des Pumas liegt der Verbrauch des Dieselkraftstoffs bei 500 Liter je 100km im Gelände (Angaben der Bundeswehr). Somit pustet er 1,325t CO_2 = 674 Kubikmeter Treibhausgas dazu Stickoxide, Blei und Feinstaub in die Luft. Das ausgestoßene CO_2 würde aufgefangen eine Halle von 15m Länge,

7,5m Breite und 6m Höhe füllen. Ein weiterer Vergleich veranschaulicht diese Umweltbelastung. Durchschnittlich werden in einer Wohnung in Deutschland 15l Heizöl je Quadratmeter und Jahr verbraucht. Das sind 1500l bei 100 Quadratmeter Wohnraum. Mit dieser Jahresmenge Dieselkraftstoff käme der Puma grade mal 300 km voran. Wieviel Geldverschwendung mit der Beschaffung der 350 Pumas verbunden ist, kann der folgende Vergleich belegen.

Die Frage stellt sich: Wie viele Windräder könnten betriebsfertig für den Kaufpreis der 350 Panzer erstellt werden? Eine Windkraftanlage mit einer Leistung von 600KW kostet ungefähr 650 000€. Für den 6 Mrd. € teuren Pumakauf könnten 9231 Windräder aufgestellt werden. Jedes Windrad produziert auf dem Festland bei einer durchschnittlichen Windgeschwindigkeit von 4,5km in Nabenhöhe ca. 500 000KWh Strom. Ein 4 Personen-Haushalt verbraucht im Jahr in der BRD etwa 3500KWh Strom. Ein Windrad könnte demnach 143 Haushalte mit sauberem Strom versorgen. Die 9231 Windräder versorgen 1,320 Millionen Haushalte, d.h. zum Anschaffungspreis von 350 Pumas könnten alle Haushalte in Berlin (Einwohnerzahl 3,769 Millionen) mit regenerierbarem Strom versorgt werden. Die Betriebsdauer eines Windrades wird mit 20 Jahren eingeschätzt.

Anmerkung: Alle den Berechnungsgrundlagen zugrunde liegenden Zahlen basieren auf den aktuell abrufbaren Daten im Internet, Februar 2021).

Während die Pumas jährlich unbekannt hohe Betriebskosten verursachen und mit großen Mengen Treibhausgase den Klimawandel beschleunigen, liefern die Windräder mit Gestehungskosten von 7,79 bis 9,95 Cent je Kilowattstunde billigen und sauberen Strom.

Mit dem billigen Strompreis lassen sich auch Gewinne generieren, die zur Finanzierung von weiteren Windräderparks oder Photovoltaik-Kraftwerken dienen könnten. Es wäre eine gute, sich aus eigener Dynamik entfaltende und finanzierende Technologie zum Klimaschutz und für eine nachhaltig gestärkte Konjunktur mit der Schaffung von

Arbeitsplätzen angestoßen. Weitere geldverschwenderische Geschäfte stehen auf der militärischen Wunschliste mit Anschaffungsvorhaben von U-Booten, (Klasse 212A), Fregatten (Köln-Klasse F220, 221), Kampfjets, Kampfhubschraubern, Drohnen und vielerlei katalogisierte Rüstungsgütern. Eine rührige Rüstungslobby kann mit guten Aussichten beim Verteidigungsministerium einen ordentlichen Batzen von seinen angemeldeten 53 Mrd. anpeilen.

Aufrüstungspolitik ist eine Unheil verstärkende, die Zukunft belastende und mithin skandalös praktizierte Krisenpolitik. Es sind dies alles Anschaffungen, mit denen der unmittelbare, gemeinsame Feind der ganzen Welt und der Menschheit nicht zu besiegen ist. Im Gegenteil, es werden Kampfmittel mit Steuergeldern angeschafft, welche die Schlagkräfte des global vielseitig angreifenden Multi-Weltfeindes noch verstärken. Die Zeit drängt, dass die überkommenen Vorstellungen von Sinn und Zweck eines Verteidigungsministeriums umgepolt werden. Klimaschutz und Abrüsten gehören untrennbar zusammen, während Klimawandel und Aufrüstung die Katastrophen-Szenarien weiter anwachsen lassen. An eine einsatzbereite Weltbürgerschaft ergeht der Appell zum Aufbruch und zu einer lauten vielstimmigen Empörung.

Der Klimawandel führt in Afrika aufgrund eines wachsenden Wassermangels zu kriegerischen Konflikten. Nach dem Bestreben der UN sollen 300 Mrd. US-Dollar zur Abmilderung der schlimmsten Folgen des Klimawandels in einem Fonds bereitgestellt werden. Doch nur ein Bruchteil des Geldes ist eingezahlt worden. Aber viele Milliarden sind in die Kriegswaffenentwicklung und -produktion investiert worden und landen über den Waffenhandel in den Krisengebieten. Aufrüsten und Waffenhandel sind Feinde des Friedens und beschleunigen die bedrohliche globale Poly-Krise unserer Tage.

Die UN, nach dem 2. Weltkrieg als Friedensunion erdacht und gegründet, muss hilflos zusehen, wie die militärische

Waffenproduktion der Industrieländer nicht mehr Sicherheit schafft, sondern den Weltfrieden gefährdet und einen betriebsamen Waffenhandel mit blutigem Profit bedient. Vor der heillosen Verirrung in ein weiteres menschengemachtes Desaster kann sie die Welt nicht bewahren.

Nun hat im Juli 2021 der Klimawandel auch Deutschland den Krieg erklärt. Die Verwüstungen in der Eifel und Nordrheinwestfalen sind so verheerend, dass der Wiederaufbau der Häuser und der Infrastruktur etliche Jahre in Anspruch und viele Milliarden Euro verschlingen wird. Es wäre gut, wenn sich die Verteidigungsministerin im Ahrtal einen Eindruck von den Schadensereignissen, der Verzweiflung der Geschädigten und der Trauernden um zu viele Toten verschaffen würde, bevor sie über Milliardenausgaben für die Entwicklung eines neuen Kampfjets und kampfbereite Drohnen nachdenkt. Hier stellt sich uns schon die Frage: „Nutzen wir die Steuergelder der Bürger für den Wiederaufbau und den Bau von Schutzanlagen als Verteidigungslinien der Heimat gegen weitere Unwetterkatastrophen oder verstärken wir noch die Kraft des feindlichen Klimawandels mit tonnenweisen Abgaben von klimaschädlichen Abgasen bei Entwicklung und Einsatz der Kampfjets?“ Die Zerstörung der Umwelt und die Verschwendung der Steuergelder geht alle an. Engagiert und empört Euch!

Terror, die Geißel unserer Zeit

Zur Furcht vor den großen Kriegen hat sich in den letzten Jahrzehnten eine heimliche Angst zum allgegenwärtigen Terror gesellt. Die gespenstisch namenlose Gewalt kann zu jeder Zeit an jedem Ort zuschlagen und Bestürzung und Grausen in den Alltag hineintragen. Mit Besorgnis muss zur Kenntnis genommen werden, dass sich jeder Terrorakt auf seine Weise mit Bekennerschreiben oder andeutenden Äußerungen im Netz auch noch moralisch rechtfertigt. Oft stehen hinter der Tat Motive, die eine Antwort geben wollen auf eine soziale Ausgrenzung, erfahrene Lieblosigkeit, ungerechtfertigte

Entmachtung. Nicht für sie selbst tatenlos hinnehmbare Zustände werden angeprangert und sollen bestraft werden. Auch Andersgläubige sollen angeblich nach Allahs Willen ihr Leben verwirken. Bei vielen Massakern sterben auch Schuldlose, die nur zufällig in der Szenerie anwesend sind.

Oft wird der Terrorismus von religiösem Fanatismus angetrieben. Der Fanatiker sieht sich berufen, gegen die sich verbreitende Gottlosigkeit, die Sündhaftigkeit und Gotteslästerungen im westlichen Alltag und in der Medienwelt vorzugehen. Er fühlt sich dafür verantwortlich, dass seine religiöse Tradition vor einer möglichen Ansteckung durch eine um sich greifende Entgöttlichung geschützt wird. Mit dem verinnerlichten Glauben, als Märtyrer in die ewige Glückseligkeit aufgenommen zu werden, ist er bereit, sein irdisches Leben als Selbstmordattentäter zu opfern.

Mit Blick auf die grauenvoll anonymen Gewalten des Terrors erhebt sich die Frage, ob diese brutal auftretenden Meuchelmörder und Amokläufer sich Zugang zu den Arsenalen der fürchterlichsten Waffen verschaffen und in der Welt das Chaos verschärfen können. Im religiös fanatisierten Terrorismus findet auch der Atheismus einen Ansatzpunkt zur Kritik an den Religionen. Alle Konfessionen sind für sie keine heilenden, rettenden und friedlichen, sondern streitende, spaltende und zu Intoleranz und Terror verleitende Mächte, die keine weitere Duldung verdienen. Die Zahl der Anhänger des Atheismus steigt, je mehr Erfahrungen ihnen bestätigen, dass Religion und Vernunft nicht miteinander vereinbar sind.

Es muss aber nicht die allmähliche Auflösung der unterschiedlichen Religionen sein, damit die Menschheit auf den Weg zu Freiheit und Frieden kommt. Eine vertrauensvolle und humane Weltinnenpolitik bietet auch eine Basis für ein tolerantes, gleichberechtigtes und menschenfreundliches Miteinander, in dem alle Glaubensgemeinschaften und Atheisten mit ihrer Weltanschauung Achtung und Gleichstellung erwarten dürfen. Terror und

Glaubenskriege verlieren bei der Verwirklichung einer demokratischen Weltregierung Substanz und Bestand.

Querdenker und Krisenleugner

Sie alle verweigern sich den Vorstellungen und Fakten der Weltkrisen und verschließen sich den Erwartungen, die eine gemeinsame Krisenbekämpfung an sie stellt. Stattdessen öffnen sie sich den abwegigen Phantasien und erfundenen Verschwörungstheorien, die im Internet kommuniziert werden. Fakes, Halbwahrheiten und Hasskommentare liefern scheinbar schlüssige Erklärungen für eine nicht mehr überschaubare Wirklichkeit. Klimawandel und Coronavirus werden als Reizthemen von Populisten geleugnet und aus der öffentlichen Diskussion verbannt. Sie wecken Ängste vor finsteren, politischen Mächten, die ihr Unwesen mit den Untertanen treiben, ihnen die Freiheit rauben, den Spaß und schließlich gar noch die demokratisch verfassungsmäßig zugeteilten Menschenrechte verweigern. Sie selbst sind schließlich die Helden, die die Demokratie schützen und sich gegen die angestrebte Diktatur zur Wehr setzen.

Wer an die Verschwörung glaubt, fühlt sich nicht mehr machtlos, sondern denkt, er gehöre zu den wenigen ‚Blitzgescheiten', die noch durchschauen, was da läuft und gegen das sie aufbegehren müssen. Gewaltbereit und lautstark demonstrieren sie auf den Straßen ohne Maskenschutz, Einhaltung der Sicherheitsabstände und den Vorgaben von Hygiene als Leugner, Opfertäter und Querdenker, vereint mit Reichsbürgern, AfDlern, Rassisten und Nationalisten. Natürlich sind sie eine kleine Minderheit, aber sie schüren Ängste und verbreiten als Kläger und Widersacher Unsicherheiten gegen alle gesellschaftlichen Schutzverordnungen der Regierung, die zur Überwindung der Weltkrisen unverzichtbar sind. Als Verteidiger von widersinnigen Verschwörungstheorien verweigern sie sich der

Anerkennung von realen Fakten und der praktischen Vernunft. Darin offenbaren sie alte, egozentrische Verhaltensmuster, die sich allen einschränkenden, alltagsbedingten Anforderungen an Rücksicht und Gemeinschaftssinn verschließen und folgen entschieden den antidemokratischen, faschistischen und nationalistischen Heilsversprechungen der Populisten und Totalitären.

Ihre Anhänger können sich dabei noch auf unverantwortliche Kommentare von Politikern wie Trump, Johnson (England), Bolsonaro (Brasilien), Orban (Ungarn) und ihnen nahestehenden Berichterstattern berufen. Diese unterstützen mit Wort und Stimmrecht die demokratiefeindlich, rassistisch und nationalistisch eingestellten Parteien und verschaffen ihnen Sitz und Stimme in vielen Parlamenten. Dort reden sie die Coronapandemie und den Klimawandel als bloßen Alarmismus klein. Sie bieten dem Virus den Freiraum, den es mit viel Leid und Rekordzahlen von vereinsamt Verstorbenen auffüllt. Bisher konnte das Virus mit seiner eigenen Tücke und Ansteckungsgeschwindigkeit noch nicht alle populistischen Machthaber überzeugen, dass in ihm mehr steckt als nur eine „schwache Grippe" und es viel mehr in ihrer Bevölkerung zu entfesseln vermag als einen kleinen „Spuk", der in kurzer Zeit vorbei sein wird. Das globalisierte Coronavirus kennt keine Moral, keine Gnade und hinterlässt besonders in armen und benachteiligten Völkern bedauernswerte Notlagen von Armut, Elend und Tod.

Die erwiesene Gewissheit zeigt, dass weder das Coronavirus noch alle anderen Weltkrisen sich um bloßes populistisches Geschwätz kümmern. Trotzdem verleugnen Volksvertreter die Folgen von anthropogenen Fehlentwicklungen weiterhin und weisen Klimaschutzmaßnahmen als überflüssig ab. Selbst die überregionalen Schadensereignisse in der Eifel (14.Juli 2021), im Berchtesgadener Land und in Thüringen können sie nicht als Folgen von einem menschengemachten Klimawandel wahrnehmen oder gar zugeben. Vielleicht sollte man einigen dieser Abgeordneten einen kostenlosen

Urlaubsaufenthalt im Ahrtal anbieten. Dort könnten sie einer sinnvolleren Beschäftigung nachgehen, als bei ihrem parlamentarischen Geschwätz in Berlin. Eine Frage springt mich an: „Warum gibt es noch keine Elementarversicherung gegen geistige Ausfälle oder sperrige Auffassungen gegen Vernunft und wissenschaftliche Erkenntnisse?“ Unter diesem Umstand birgt auch die anstehende Bundestagswahl die Gefahr eines parlamentarischen Klimawandels mit den Folgen gesetzlicher Schadensereignisse. Wahlstimmen sollten in ihrer Gefährlichkeit für die Demokratie nicht unterschätzt werden.

Zeichen der Hoffnung

Papst Franziskus, der Streiter für den Weltfrieden

Wenn wir die Frage stellen, wie groß die Chance ist, um die globale Religionskrise überwinden zu können, kommen wir an einer der größten Persönlichkeiten unserer Zeit nicht vorbei. Papst Franziskus sucht in gleicher Augenhöhe und Friedensbereitschaft gegenüber anderen Religionsführern entschlossen und überzeugend den Weg der Versöhnung und des Religionsfriedens zu gehen. Aber „bissige Wölfe“ (Markus Politi: „Franziskus unter Wölfen, Herder, 2015) im römischen Klerus wittern Verrat am Glauben und sehen im Papst einen Häretiker auf dem Stuhl Petri. Ihn kann nur sein weltweit erfolgversprechendes Ansehen vor ihrer heimlichen Verschwörung schützen. Die konservative Altherrenriege im Vatikan befürchtet im Papst eine geöffnete Pforte für Angriffe des Zeitgeistes auf die reine, verpflichtende Glaubenslehre. Glaubenssätze, Traditionen und Dogmen fordern unter Glaubenszwang bedingungslosen Gehorsam und bleiben für katholische Christen unanfechtbar. Doch „wenn ich etwas erzwinge, geht es nicht mehr um Glauben, sondern um Rechthaberei“- so eine Pfarrerin auf dem Evangelischen Kirchentag.

Eine solche Ansicht bedeutete aber den Verzicht auf eine in fast 2000 Jahren gewachsene Machtposition der römischen Kurie.

Dennoch hallt mit Papst Franziskus ein Ruf nach Barmherzigkeit und Geschwisterlichkeit durch eine aus den Fugen geratene Welt. Er hat verstanden, dass der wichtigste Ort der Kirche nicht in der eingekapselten Kurie im Vatikan liegt, sondern dort, wo Menschen in Hungersnot, Flüchtlingselend, Unterdrückung, Verfolgung oder Rassismus leiden und sterben. Die Menschen sind nicht für die Kirche da, sondern die Kirche vor Ort ist immer für die Menschen da, wo ihnen Gerechtigkeit und Barmherzigkeit vorenthalten werden. Ein mutiger Papst sieht sich in seiner bewussten Nachfolge Christi von einer Festung pharisäisch kaltherziger Glaubenstheoretiker gefangen und bewacht. Zu vielen Würdenträgern erscheint die Reinhaltung der Glaubenslehre und mit ihr die Machterhaltung des Kirchenstaates wichtiger als die großherzige Lehre der Bergpredigt mit ihrem Gebot der Nächstenliebe. Sie werfen dem Papst aufwieglerischen Bruch mit der Tradition vor, der die Amtsführung und die würdevolle Erscheinung der früheren Päpste, Bischöfe samt des römischen Klerus abwertet und den Vatikan entmachtet.

Aber in Machtgier, Eitelkeit, Titelsucht und Stolz befangen, in Selbstbezogenheit verloren, in Prunk und Pracht eingebettet, erkennt der bescheidene und demütige Papst das Grundübel zu vieler Glaubenshüter im Vatikan. Er erkennt am Beispiel des entlassenen Bischofs von Elst in Limburg, wie die Kirche bis zur Seelsorge vor Ort von Wohlstand, Hochmut und Anmaßung infiziert ist. Er erlebt sie belastet mit Missbrauchsskandalen und deren Vertuschung bis in die höchsten Ränge des Kirchenstaates.

Franziskus ist ein Papst, der sich politisch einmischt. Grundsätzlich kann es nicht christlich und gesellschaftsfähig sein, dass ein kleiner Teil der Menschheit sich für würdig hält, auf Kosten einer großen verarmten Mehrheit, ein Leben in Fülle zu führen. Die Globalisierung der Welt darf nicht zu einer neuen Form der Kolonisation ausarten, in der Egoismus das Sozialempfinden verdrängt und eine teilnahmslose, kalte Gleichgültigkeit jeden Gedanken an das unverzichtbare Allgemeinwohl auslöscht. Der zentrale Wunsch nach einem Planeten, der allen Menschen Heimat, Gerechtigkeit, Nahrung und Frieden bietet, kann sich nicht zeitgleich mit einer unchristlichen, dem Konsum- und der Machtgier verfallenen Kirchenverwaltung verwirklichen lassen. Gerade sie muss Vorbild sein und bedarf der Erneuerung in Sinn und Stil des Papstes.

Doch mit Misstrauen gewahrt der Klerus, wie sich Papst Franziskus in der geistigen Nachfolge Christi sowie der Befreiungstheologen Südamerikas an die Seite der Armen, Ausgegrenzten, Unterdrückten und Ausgebeuteten stellt. Die prominenten Vertreter, Oscar Romero, Gustavo Gutierrez, Dom Helder Camara, Ernesto Cardenal beklagten in den 70er Jahren die Sklaverei, Unterdrückung und den Missbrauch der Gläubigen durch menschenverachtende Diktatoren. Im Widerspruch zu den vielen menschenfreundlichen Aussagen in der Bibel forderte die römisch-diktatorische Hierarchie die Gläubigen dort auf, sich auch ungerechter, staatlicher Obrigkeit zu unterwerfen. Die kirchliche Obrigkeit sah ihre totalitäre Einstellung zu Macht und Ansehen bedroht und reagierte mit Lehr- und Schreibverboten sowie mit der Entlassung von „politischen Theologen“ in Südamerika.

Nun hat die kirchliche Entwicklungskrise den römischen Klerus eingeholt. Mit Papst Franziskus als Nachkomme und Vertreter der Befreiungstheologie feiern die einst verworfenen Inhalte und Werte ihre global gerechtfertigte Auferstehung.

Die Enzyklika „Fratelli tutti“ erweckt einen neuen Traum von Geschwisterlichkeit und vertrauensvoller Freundschaft. Sie setzt eine Bewusstseinsänderung voraus - nämlich die Abkehr vom raffgierigen, nimmersatten, liberalen Individualismus hin zur Gemeinwohlorientierung. Das Rundschreiben benennt die ungerechte Verteilung von Ressourcen und Lebensqualität, die Ausgrenzung und Ausbeutung ganzer Völker und die ungebrochene

Tendenz der Politik, den Eigeninteressen den Vorzug vor Solidarität zu geben.

Der päpstliche Ansatz der erneuerten Seelsorge ist die geradlinige Verbindung der biblischen Botschaft mit dem konkreten Leben der leidenden Menschen in ihrer sozial-politischen Notlage. In seiner Enzyklika beschreibt Franziskus in einer globalen Dimension die politisch mustergültig geprägte Form der Nächstenliebe. Mit ihrer Tugend der Barmherzigkeit gewinnt sie universell verbindliche Gültigkeit. Die Enzyklika reicht mit ihrer globalen Vision weit über die abgesteckten Grenzen der römisch-katholischen Realität hinaus. Franziskus sieht in Nichtkatholiken, dem Großimam der Kairoer Al-Azhar-Universität, Ahmad AL-Tayyeb, in Mahatma Gandhi, in Desmond Tutu, Mandela, Martin Luther King Inspirationsquellen für seine Utopie von einer interplanetarischen „Geschwisterlichkeit und sozialen Freundschaft"(Untertitel der Enzyklika). Mag das dem konservativen Klerus in Rom wieder als Häresie erscheinen, so sollte sich dieser mit dem Artikel 287 befassen, in dem der Papst den heiligen Franziskus von Assisi als sein Vorbild erkennt. In dessen Botschaft findet er die Mahnung, andere Menschen unabhängig von Herkunft, Kultur und sozialer Zugehörigkeit in freundschaftlicher Offenheit „anzuerkennen, wertzuschätzen und zu lieben".

Schon Angelus Silesius (1624 – 1677) schrieb: „Der Glaube allein ist tot. Er kann nicht eher leben, bis dass ihm seine Seele, die Nächstenliebe wird gegeben." Franziskus betont die eindrucksstärksten Vorstellungen und Tugenden eines christlichen Lebens nach dem Vorbild Jesu und verleiht den anfänglichen Werten der Urkirche neue Beachtung und Wertschätzung. Sein weltkluges, über die verengende Dogmatik erhabenes Amtsverständnis ebnet den Weg und belebt die Hoffnung auf eine wachsende ökumenische Einheit – hin zum Weltfrieden der Religionen.

Die Bewegungen der „Kirche von unten" mit Ihren ökumenischen Annäherungen in gemeinsamen katholischen und evangelischen

Gottesdiensten und Andachten begleiten die Herren von der Glaubenskongregation in Rom mit Misstrauen, Geringschätzung und der Angst, dass es im Wesen der Menschen liegt, anfällig für den Missbrauch der Freiheit zu sein, die ihm mit Geist und Vernunft gegeben ist. Zu befürchten sind Verluste bei katholisch traditionellen Glaubenssätzen wie dem Zölibat, bei Dogmen um Maria, bei Form und Inhalt des katholischen Messopfers, bei Sakramenten (vor allem der Eucharistie). Man steht gegen Einsatz und Gleichberechtigung der Frauen in diakonischen und priesterlichen Diensten und verweigert ihnen dazu die Weihen. Ferner bangen sie um die Aufweichung der hierarchisch aufgebauten Kirchenleitung mit dem Bezweifeln der Unfehlbarkeit des Papstes. Hinter all dem verborgen liegen schwer verständliche, religionstheoretische Glaubensauffassungen als scheinbar unüberwindliche Hindernisse, die wie große Felsbrocken umherliegen und den Blick auf die vielen christlichen Gemeinsamkeiten und die ersehnte Einheit verstellen.

Die Ökumene ist noch ein zartes Pflänzchen, das aber schon in den Herzen der noch hoffnungsvoll Glaubenden Wurzeln geschlagen hat. In christlichen Gottesdiensten wird regelmäßig für die Einheit der Christen gebetet. Da sie von den Einigungsgesprächen der Glaubenslehrer nicht zu erwarten ist, wendet man sich an den Heiligen Geist um förderliche Eingebungen. Die beiden Konfessionen bekunden sich im gleichen Glaubensbekenntnis zu Gott und bitten im textgleichen Beten zum „Vater unser im Himmel“ um göttlichen Beistand. Das beruhigt, weil damit in voller Demut im Wortsinn der Vaterunser-Bitte „Dein Wille geschehe“ Gott, dem Allmächtigen, Entscheidung und Verantwortung übertragen werden kann. Dabei scheint aber verräterisch die bequeme Haltung des Wegbetens einer kirchlichen Selbstverantwortung durch. Sind Glaubensspaltungen nicht alle menschengemacht? Wenn die Kirche die Einheit im Glauben will und daran glaubt, dass sich der Heilige Geist um die Einheit kümmert, verbirgt sich dahinter nicht auch ein verschwiegener Vorwurf, dass er die vielen christlichen Varianten der

Glaubensspaltungen zugelassen hat? Ebenso wird von zu vielen Geistlichen auch das neuzeitliche Schwinden des Glaubens, der abnehmende Kirchenbesuch und die beschleunigt ansteigenden Kirchenaustritte in Gottes Willen demütig ergeben und unbesorgt hingenommen.

Es ist auch menschlich verständlich, dass die strenge Auslegung der katholischen Glaubenslehre auch eine Versuchung für die obersten Glaubenshüter darstellt. Sie konnte ihnen durch nahezu zwei Jahrtausende, wie schon den Pharisäern zur Lebenszeit Christi, Achtung und ein Leben im Wohlstand sichern. Sie nehmen sich als berufene Vermittler zu Gott und zur Rettung der Menschheit wahr. In dieser Rolle sind sie mit Gottes Liebe gestärkt und mit der göttlichen Gnade in Gebet, Opfer, Lehre und Seelsorge ausgestattet. In der Sündenvergebung im Namen des liebenden Herrn öffnen sie im Sakrament der Beichte den Menschen den Himmel zur ewigen Glückseligkeit. Dieses denkbar höchste Amt verleiht ihren Inhabern uneingeschränkte Macht, Anerkennung, Verehrung und Würde.

Den Papst plagen indes ganz andere Sorgen. Wieder fühlt er sich trotz Pandemie (vom 5. bis 8. März 2021) zu der uralten Christengemeinde im Irak hingezogen, die vom IS verfolgt, teils hingerichtet, versklavt und zur Flucht getrieben wurde und seither durch Abwanderung weiter schrumpft. Es ist ihm ein großes Anliegen, sich mit dem schiitischen Großajatollah Ali al-Sistani und dem irakischen Staatspräsidenten Barham Salih zu treffen. Er stellt sich ihnen vor „als Pilger des Friedens“, der mit großer Traurigkeit die Zeichen der zerstörerischen Kraft von Hass und Gewalt sehe. Im Namen aller Muslime und Christen bittet er darum, dass wir über die unterschiedlichen „religiösen Bekenntnisse hinweg in Harmonie und Frieden miteinander leben können.“ Er empfiehlt das Modell der Geschwisterlichkeit seiner letzten Enzyklika zur Überwindung interner Spannungen. Feindseligkeit und Gewalt seien „Verrat an den Religionen.“ Bruder und Schwester zu hassen, sei die größte

Beleidigung und Lästerung des barmherzigen Gottes/Allahs. Franziskus gibt zu bedenken, dass die „Vielfalt in Geschwisterlichkeit und Solidarität die Gesellschaft bereichern kann.“ Dass dem Papst der Brückenschlag für Verständigung und Versöhnung gelingt, belegt der Beschluss des irakischen Ministerpräsidenten Mustafa al-Kasimi, der den 6. März als „Jahrestag der Toleranz und des Zusammenlebens“ ausrief. Darauf lässt sich gegenseitige Toleranz und Anerkennung aufbauen.

Im Juni 2016 veröffentlicht Papst Franziskus die Umwelt-Enzyklika „Laudato si“ (Herder Verlag). Sie ist eine Verherrlichung der Schöpfung sowie eine eindringliche Aufforderung, die Natur in ihrer Unersetzbarkeit zu bewahren. Es ist das erste umfängliche Lehrschreiben eines Papstes zu den anwachsenden Umweltproblemen und eine Botschaft an alle Weltbürger und ihre Regierungen, unabhängig von Religion und Kultur. Darin erkennt er auch den Planeten als einen unter den „am meisten verwahrlosten und misshandelten Armen“ dieser Zeit. Seine beispielhafte Liebe zur Schöpfung findet Ausdruck in seiner großen Sorge um ihre und der Menschen Zukunft. Damit hebt er die Natur als gleichwertigen Bestandteil in der Beziehung zum Herrn auf die gleiche Stufe wie die Nächsten- und Gottesliebe. Auch auf dieser Ebene ist die weltweite Botschaft von einer naturfreundlichen Barmherzigkeit zeitnah geworden. Wirtschaft und Industrie müssen anhalten mit dem planetarischen Raubbau der Ressourcen, beim unbarmherzigen Ausrotten der Tier- und Pflanzenarten und beim Quälen der Nutztiere bis zu ihrer Erschöpfung. Wahre Gottesliebe erfüllt sich nur in der verwirklichten Nächstenliebe und im Geiste der Genesis im rücksichtvollen Umgang mit unserer natürlichen Umwelt.

Nach dem alttestamentlichen Auftrag erteilt Gott seinem begabtesten Lebewesen im Paradies, dem Menschen, den Befehl: „Wachset und mehret euch, füllet die Erde, macht sie euch untertan und herrschet über ... alles Getier. Alles Grünkraut ... diene euch als

Nahrung." (Genesis 28 – 30). Für diesen, mit Menschenschrift vor ca. 100 Jahren v.Chr. überlieferten Auftrag kann heute Vollzug gemeldet werden. Mehr noch! Die menschliche Forschung und ihre Technologien haben Möglichkeiten eröffnet, wie sich mit Züchtung und dem genetischen Eingriff die biologische Entwicklung der Natur beflügeln und sie schöpferisch verändern lässt.

In beiden Enzykliken stellt Franziskus den kriegerischen Auseinandersetzungen, dem neuen Wettrüsten, der fortbestehenden Bedrohung mit Atomwaffen, dem extrem kapitalistischen Markttreiben sowie dem Recht des Stärkeren ein striktes „Nein" entgegen. Zukunft kann nur mit einem interplanetarischen Zusammengehörigkeitsgefühl der einen und gleichen Menschheit gedacht werden. Der Entwurf zu einer besser geordneten Welt muss als ein Zusammenschluss zu einem „Wir" im gemeinsam bewohnten Haus begriffen werden. Diese weltbewegende politische Vorstellung des Papstes lässt eine neue Dimension in der christlichen Religion aufleuchten, die ihr Format als Weltreligion unterstreicht. Diese Schrift wird zum ersten Mal so umfänglich und entschlossen vom Oberhaupt der katholischen Kirche als Leitlinie für eine funktionierende Weltgemeinschaft veröffentlicht. Die vom Papst hoch eingestufte Bedeutung der UN lässt seine geistige Annäherung an eine Weltregierung mit einer solidarischen „Weltinnenpolitik" als anstrebenswertes Ziel erahnen.

Nach Angaben des Papstes geht seine Initiative für die Abfassung seiner Enzyklika „Fratelli tutti" auf den Großscheich der islamischen AL Azhar-Universität, Ahmad Muhammad al Tayyeb, zurück. Was nach zwei islamistischen Anschlägen auf koptische Kirchen mit 45 Toten als Verbrechen gegen die Menschlichkeit verurteilt wurde, verwandelten Franziskus und der Großscheich zum Werkzeug und Schrittmacher in Ausruf und Mahnung für Versöhnung in Einheit und Frieden. Es waren Worte der Stärke und Vernunft zum geschwisterlichen Umgang von Christen und Muslimen.

Beachtenswert war die Einladung von der muslimischen Seite zum ersten christlich-muslimischen Gipfeltreffen. Es hat sich als eine internationale Friedenskonferenz dargestellt, bei der alle Teilnehmer mehr Einsatz und Anerkennung für Menschenwürde, Menschenrechte und Religionsfreiheit anmahnten. Dieses historische Gipfeltreffen ist ein Wegweiser hin zu einer weltweiten Ökumene. Die von Franziskus fortgesetzten, vom Friedenswillen getragenen Dialoge und gemeinsamen Gebete mit Vertretern anderer Religionen sind unüberhörbare Wegbereiter hin zu einer toleranten, religiösen Gemeinsamkeit und zum religiösen Weltfrieden.

Der Papst setzt mit seiner Enzyklika auf eine weltweite Nächstenliebe. Er weiß, dass Gottes Reich viel größer ist als die katholische Kirche. Ausdrücklich richtet er sich nicht nur an die Katholiken, sondern an die ganze Menschheit und liegt mit ihr auf der gleichen Linie wie die „Stiftung Weltethos" des Theologen Hans Küng.

Mit seiner letzten Enzyklika und deren Leitworten Barmherzigkeit, Gleichheit in geschwisterlicher Liebe, Gerechtigkeit und Frieden führt seine Spur hinaus aus der Enge und Verkrustung kirchenamtlicher Vorgaben. Die römischen Traditionalisten bewerten sie wie aus der Zeit gefallen, aber alle christlichen Menschen guten Willens verstehen sie, wie in diese Zeit hineingeschrieben. Er lässt alle wissen, dass ihm „eine lebendige Kirche allemal lieber ist als eine bequeme und leere mit dem Gütesiegel der Glaubenskongregation." Diese Enzyklika gleicht einer Schnittstelle, einem weltethischen Brennpunkt, in dem einmal das vereinte Christentum mit dem verbündeten Islam eine friedlich entspannte globale Religionsgemeinschaft begründen kann.

Wo der Papst seine Seelsorge mit dem Geist der Nächstenliebe, mit dem globalen Religionsfrieden sowie der Zukunftsbeständigkeit unseres Planeten verbindet und als seine Problemlagen thematisiert, folgt ihm die nachwachsende Generation. Papst Franziskus hat den

Weg einer glaubwürdigen Nachfolge Christi in die Gegenwart als Kerngeschäft seiner Berufung vorgezeichnet.

Ein einheitliches Band, das schon seit Urzeiten die Kulturen verbindet, findet seinen zeitlos gültigen Ausdruck in der „Goldenen Regel" als Prinzip menschenfreundlich gelebter Gegenseitigkeit. Sie ist in ihrer deutschen Fassung als Sprichwort aus dem Judentum hergeleitet: „Was du nicht willst, was man dir tu', das füg' auch keinem andern zu!" Oder positiv formuliert: „Alles was ihr wollt, das euch die Menschen tun, das tut auch ihr ihnen ebenso!" (NT, Matthäus 7;12) - Oder Buddhismus: „Ein Zustand, der nicht angenehm oder erfreulich für mich ist, soll es auch nicht für andere sein."- Oder im Islam: „Keiner von euch ist ein Gläubiger, solange er nicht seinem Bruder wünscht, was er sich selber wünscht." (An-nawawi 13).

Der Bahai, Weltreligion im Geist der Nächsten- und Naturliebe

Still und noch weitgehend unbekannt hat sich der Friedensgeist in einer noch neuen Glaubensgemeinschaft offenbart. Aus den von Blut getränkten Schlachtfeldern unserer Neuzeit, aus menschlicher Not und Verzweiflung keimt heute in einer jungen Weltreligion, im Bahai, neue Hoffnung auf. Die Einsicht, worum einige Führer der großen Weltreligionen werben, ist im Bahai das absolute Grundprinzip: „Die Religion darf nicht zur Ursache für Streit und Kampf werden." Dahinter steht die Gewissheit: „Ungläubige" gibt es nicht. Jeder glaubt an irgendetwas, aber keiner hat das Recht, über den Glauben anderer zu urteilen.

Hier zeigt sich die Vollendung des Bahai mit seinem vom Friedenswillen getragenen Weltethos. Er bietet den unterschiedlichen Ausprägungen des kulturellen Glaubenslebens Entfaltungsraum und hält alle Türen zum globalen Religionsfrieden offen. Es grenzt an ein Wunder oder aus der Sicht des Gläubigen an eine Fügung des Schöpfers, dass in einem Stammland der abrahamitisch zerstrittenen Schriftreligionen eine zeitgemäße neue Weltreligion entstand, die in der Lage ist, zwischen den drei kulturell verfeindeten Religionen eine Brücke zur globalen Ökumene und des Friedens zu bauen. Die abrahamitischen Weltreligionen sind Offenbarungsreligionen von einer persönlichen Gottheit, der menschliche Eigenschaften zugedacht werden. Als sichere und ergiebige Quelle der Erkenntnis göttlicher Merkmale erblickt der Bahai-Glaube in der vor allen Völkern ausgebreiteten Schöpfung. Sie spiegelt in ihrer Schönheit und unbegreiflichen Vielfalt die göttlichen Merkmale wider, seine Allmacht, Weisheit, Allgegenwart und Ewigkeit. Der unübertreffliche Name für ihn ist „Seine Herrlichkeit".

Im gelebten Glauben an die Herrlichkeit Gottes verwirklicht sich der Bahaiglaube in der barmherzigen Nächstenliebe und Naturliebe. Dies ist das Liebesbündnis, in dem sich die Verehrung des Schöpfers aller Welt vollendet. Mit diesem Glaubensinhalt treffen wir wieder auf die Kernaussagen der beiden an die ganze Welt gerichteten Enzykliken des Papstes Franziskus und seinen beispielhaften Bemühungen zur Verständigung und Versöhnung der Weltreligionen und ihren Abspaltungen. Die Übereinstimmung der göttlichen Merkmale, die geistige Nähe der päpstlichen Enzykliken und die Mitte des Bahaiglaubens haben große gemeinsame Schnittmengen in ihrer Vorstellung und Verwirklichung einer gerechten und friedlichen Welt

Die wundervolle Entwicklung der Schöpfung ist ein fortschreitender Gnadenakt seiner Allmacht und Weisheit. Ein Richtsatz im Glauben des Bahai lautet, dass keine Religion den naturwissenschaftlichen Erkenntnissen, den bestätigten Naturgesetzen, beim Sein und Geschehen in der Natur widersprechen darf. Das heißt aber auch, dass neben der Nächstenliebe auch die verständige Liebe zur Natur ein grundlegender Bestandteil und eine motivierende Seelenstärke der Liebe zu „Seiner Herrlichkeit" einschließt. Ein artgerechter

Umgang mit den Geschöpfen der Pflanzen- und Tierwelt wie auch mit der zugrunde liegenden wundervollen Beschaffenheit der Natur des Planeten gehören zur unbedingten Liebe zum Schöpfer in seiner unfassbaren Herrlichkeit.

Der Bahai verzichtet bewusst auf jegliche sanktionierte Glaubenszwänge und festgesetzte Verbrämungen. Er gibt keinen Anlass zu Ausgrenzung, Streit und Zwiespalt. Keine Zeremonien, Dogmen und angedrohte Bestrafungen können bei ihm zu Verkrustungen und kaum überwindbaren, traditionellen Verhärtungen führen. Der Glaube bleibt durchgängig offen für eine fortschreitend erkannte Entwicklung der Natur, des Universums, der Wissenschaft sowie der menschlichen Gesellschaft. Folgerichtig erhebt er keinen Anspruch auf den Besitz der ewigen, alleingültigen Wahrheit und der Alleinseligmachung. Er verneint folgerichtig jegliche bedrängende Form der Missionierung und verzichtet auf eine hierarchisch aufgebaute Religionsgemeinschaft. Es gibt keine geweihten Priester, Pfarrer oder Pastöre. Stattdessen legt er demokratisch verortet seine Leitung in die Hände von zeitlich begrenzt gewählten Räten. Die oberste Behörde ist der internationale Rat in Haifa (Israel). Er besteht aus neun Mitgliedern, die sich alle fünf Jahre einer freien, gleichen und geheimen Wahl stellen. Ab seinem 21. Lebensjahr kann sich jedes Mitglied frei und unbeeinflusst für ein Amt zur Wahl stellen. Sie ist ein Akt demokratischer Willensbildung, abgehoben von den unantastbaren Weltanschauungen und fesselnden Organisationsformen der herkömmlichen Weltreligionen. Für den Bahai gilt die Gleichberechtigung von Mann und Frau. Beide sollen auch im Arbeitsleben als gleichwertige Teile der Gesellschaft angesehen und behandelt werden. Bei der Wahl des Ehepartners spielt die Religion keine Rolle.

Dies alles entspricht einer Gesinnung, die im muslimischen Kulturkreis, in dem der Bahai gegründet wurde, weitgehend tabu ist. Die neue Religion in ihrer Mitte wurde als Schreckgespenst empfunden und zum Widersacher des Islam erklärt. Sie wurde verbannt, ihre Anhänger verfolgt, enteignet, verhaftet, vertrieben und die Mitglieder in der obersten Behörde hingerichtet.

Vor 150 Jahren lebte der Begründer dieser jungen Weltreligion Baha'ullah in einer muslimischen Glaubenskultur in Persien (heute Iran). Seine Schriften rufen jeden Gläubigen dazu auf, seinen Teil beizutragen, dass die Menschheit in ihrer Vielfalt friedlich zusammen leben kann: „Betrachtet euch nicht als Fremde! Ihr seid Früchte eines Baumes und Blätter eines Zweiges. Fanatismus und Hass sind ein weltverzehrendes Feuer“ (Ährenlese 132:2). Aufgabe und Ziel der Religion ist es „Einheit und Eintracht unter den Völkern der Welt zu stiften“ (Botschaften 8:63). Das Bahaitum versteht sich als eine menschenfreundliche Friedensbewegung: Bahaisein heißt einfach, die ganze Welt lieben, die ganze Menschheit lieben und sich bemühen, ihnen zu dienen, für den allgemeinen Frieden und die allgemeine Brüderlichkeit zu arbeiten“ – „Worte sind wichtiger als Fäuste und Waffen“ (Abdul Baha). Als wichtigster Lebensgrundsatz bezeichnet ihr Gründer, wie ehemals auch Jesus im Gleichnis und in der Bergpredigt, die „Nächstenliebe“. Mit ihr sind auch Kern und Mitte der Bahaireligion erfasst und als Weltfriedensethos geborgen.

Der Bahaiglaube lebt und lehrt in seinen Schriften den Religionsfrieden in der Hoffnung, dass sich der Weltfrieden einmal in Gerechtigkeit, Barmherzigkeit und Versöhnung verwirklichen kann. Sein Weltethos entfaltet sich im Bewusstsein einer planetarischen Verantwortung im Zusammenstehen in einer Weltgemeinschaft.

Folgerichtig öffnet sich der Bahai allen Heiligen Schriften und Glaubenslehren der anderen Weltreligionen. Er zählt sie als gleichberechtigte Offenbarungen zum gemeinsamen Erbe, weil sie alle aus derselben göttlichen Quelle stammen. Deshalb steckt in jeder Religion eine Mitte, ein Kern von Wahrheit, der Beachtung und Anerkennung verdient, mithin als gleichwertig einzuschätzen ist. Die Vorstellung vom Glauben gleicht einem Rüttelsieb, im dem alle

Religionen und Weltanschauungen in ihren Misslichkeiten, Mängeln, aber auch gemeinsamen, vorbildlichen Kostbarkeiten, Erkenntnissen und Sittsamkeiten erkannt und nachsichtig getrennt werden. Dabei wird verlorenes Vertrauen zu den gemeinsamen Werten der Menschlichkeit und Nächstenliebe, der Gerechtigkeit und des Friedens, der Naturliebe und des Umweltschutzes offenbar.

Davon hergeleitet, bietet sich ein Tugendkatalog für ein gemeinsam gelebtes Miteinander im Alltag wie auch im globalisierten Erdkreis an. Nur in Eintracht können sich Vernunft und Glaube, verschüttete Wahrheiten und verkümmerte Frömmigkeiten erschließen. Eine demütig herablassende Toleranz spielt keine Rolle, wo es keine werthaltig übergeordnete oder sich widersprechende religiöse Wahrheit gibt. Was für jeden und alle zählt, sind Nächstenliebe und Naturliebe, vereint in Gottesliebe. Die Bedürfnisse aller Völker nach Menschenrechten in Gleichheit, Freiheit, Geschwisterlichkeit sowie dem Recht auf Würde und Unversehrtheit finden Anerkennung im Organisieren der Weltgesellschaft.

Der Bahai versteht sich als Aufruf, das Wohl der Menschheit zu sichern, ihre Einheit und den Geist der Nächstenliebe in globaler Verbundenheit zu fördern. „Es rühme sich nicht, wer sein Vaterland liebt, sondern die ganze Welt“ (Bahai'Ullah). Die Einheit der Menschheit in ihrer ganzen Vielfalt und der Weltfrieden stehen im Mittelpunkt. Jeder soll sich für seine Mitmenschen und das Wohlergehen für die ganze Menschheit einsetzen. Der friedliebende Bahaiglauben bietet eine tragfähige Basis für einen gemeinsamen freundschaftlich harmonischen Dialog der Religionen. Der Bahai versteht sich selbst als Einheit, Wegweiser und Leitfaden für die Weltreligionen. Er ist in seiner Erwartung an die Anhänger stimmig auf die menschliche Wesensart mit Vernunft, Gemüt, Seele, Gewissen, Empathie und Solidarität eingestellt.

Jeder kann für sich persönlich im Sinne einer religiös vereinten Weltgemeinschaft auch Bahaijaner sein, unabhängig davon, ob er vom Christen-, Juden,- Muslimen-, Buddhisten-, Hindu, Schintoistentum usw. herkommt. Mithin vertritt der Bahaiglaube eine inklusiv orientierte Religion, die davon ausgeht, dass Seine Herrlichkeit, Gott, Jahwe, Allah in gleicher Weise den Menschen in den verschiedenen Religionen begegnen kann. Damit ist ein weiter Rahmen vorgegeben, der keinen Fundamentalismus, Fanatismus und Rassismus aufkommen lässt.

Der Bahai kann so etwas wie eine religiöse Weltverfassung sein, auf die sich alle Weltreligionen einigen können. Damit könnte der Bahai als Formel des verwirklichten Weltethos, das Ganze, sowohl die religiösen, die rationalen, die emotionalen, wie auch die kulturellen Zusammenschlüsse und Wechselwirkungen tragen. Das würde der humanistischen Idee von Vernunft, Aufklärung, Freiheit, Gerechtigkeit und Frieden für die ganze Welt und aller Zukunft nachkommen und entsprechen. **Der Bahai ist als Weltreligion der Schlüssel zum Religionsfrieden in der Welt. Er öffnet die Tür zu einer Weltrepublik. Allen Menschen wird das Siegel Weltbürger zuteil.**

Der Bahaijaner ist ein religions- und weltoffener Bürger, der selbst einem überzeugten Atheisten mit seinen Werten von Humanismus, Nächsten- und Naturliebe sowie Gerechtigkeit und Frieden, Heimat, Anerkennung und Sicherheit anzubieten vermag.

Die Bahaigemeinde in Deutschland hat in Hofheim am Taunus ihr „Haus der Andacht“. Es ist ein auffallend origineller Kuppelbau. Seine neun Eingänge symbolisieren die Einladung und Offenheit für viele Arten und Formen von religiösen Begegnungen. Es ist ein Ort der inneren Einkehr und Besinnung für mehr Menschlichkeit und Frieden in der Welt. Die umgebende Landschaft lässt in ihrer ansprechenden Gestaltung die Aufmerksamkeit und Liebe zur Natur erkennen.

Die Idee von einer Gesundheitsunion

Da trifft das epochale Schlagwort „Gesundheitsunion“ der Kommissionspräsidentin Ursula von der Leyen das gefühlte Bedürfnis nach Bewältigung dieser unheilvollen Pandemie. Diese Idee umfasst die nutzbringende Vorstellung einer schlagkräftigen EU-**Notfallzentrale,** die auf grenzüberschreitende Gesundheitsgefahren mit Frühwarnung, Abwehrbereitschaft, Risikobewertung, Überwachung und sachgerechtem Zugriff auf den Gesundheitsnotstand reagieren kann. Dies ist klug angedacht, weil es nicht jedem europäischen Staat finanziell möglich ist, sein Gesundheitswesen so effektiv auszustatten, dass er seinen Bürgern im Notfall beistehen kann. Diese zunächst europäisch erkannte Idee verdient es, in einer globalen Dimension verstanden und ausgeweitet zu werden.

Die überfallartig ausgebrochene Pandemie hat die meisten Staaten dieser Welt überfordert, darunter auch reiche Staaten wie die USA, wo sie bisher schon mehr Menschenopfer forderte als die beiden Weltkriege und der langjährige Vietnamkrieg zusammen genommen.

Doch sind wir Europäer auch Weltbürger und können uns vorstellen, dass die **WHO (Weltgesundheitsorganisation**) der UN eine solche **internationale Notfallzentrale** einrichtet und mit ihr auch alle Armutsländer auf der Welt vor derartigen Katastrophen-Pandemien bewahren könnte. Kernbestandteile dieser globalen Gesundheitszentrale wäre ein Institut zur Erforschung von Seuchengefahren in der Menschen, Tier- und Pflanzenwelt. Virologen, Bakteriologen, medizinische Genomwissenschaftler, Biologen und Pharmazeuten aus allen Kontinenten könnten hier forschen. Dazu gehörte ein fortlaufend geschultes, mit allen Hilfsmitteln vertrautes Pflegepersonal sowie ein umfängliches Depot für Hilfsmittel und Behandlungsgeräte. Ein digitalisierter Notfallmechanismus mit Künstlicher Intelligenz streckt um den Globus seine Fühler aus und meldet der Gesundheitszentrale einen aufkommenden Notstand. Bestens ausgebildete Spezialisten können mit erstklassiger Ausrüstung zeitnah in Marsch gesetzt werden und die aufgetauchte Seuche analysieren und eingrenzen. Die internationale Notfallzentrale wäre eine preiswerte Selbstverständlichkeit, könnte hohe Investitionskosten in das Gesundheitswesen von Einzelstaaten ersparen und böte schnelle Hilfe und mehr Sicherheit für alle Weltbürgerinnen und Weltbürger. „Sagen wir den Menschen aller Völker: Ihr seid Brüder und Schwestern!“ (Bahai) und reichen wir ihnen freundschaftlich die Hand. Haben wir immer noch Angst, dass Friedens- und Nächstenliebe fördernde Vorstellungen als politisch naiv geschmäht werden?

Bisher war der Lebensstil beim Streben nach Wohlstand und Sicherheit hintergründig geprägt und getragen vom liberalen Denken, Wahrnehmen und Handeln. Die Coronapandemie hat auch viel mit dem entarteten, auf beständiges Wachstum ausgelegten globalen Turbokapitalismus zu tun. Schockiert müssen wir aktuell erleben, dass wir die Wirklichkeit, die Komplexität des weltlichen Systems nicht begreifen wollen, weil wir uns das von Gier und Egoismus geprägte Fehlverhalten nicht eingestehen wollen. Mit seinem aufgeblähten Ressourcenverbrauch, dem Güter-, Dienstleistungs- und Tourismusverkehr öffnet er Viren, Bakterien, Bazillen, Pilzen, Fiebererregern weltweit die Tore zu ihrer Verbreitung. Damit folgt der Entgleisung in der Ausbeutung der Ressourcen, dem Wachstumswahn auch noch das Unrecht der Betroffenheit der Armutsländer. Die Wirtschaft braucht soziale und ökologische Leitplanken, die es uns verwehren, dass wir dauerhaft mehr Ressourcen verbrauchen als unser Planet uns zur Verfügung stellen kann.

Die neue Weltordnung

Zum Umdenken besteht in der Coronazeit auch eine aus der Not geborene Bereitschaft. Sie will und muss in dieser Krisenzeit bedingungslos genutzt werden. Wir haben jetzt die einzigartige Chance, über die Polykrise nachzudenken, wie ein von umfänglichen

Problemen umstelltes Leben auf unserer einzigartigen Erde aussichtsreich und geschwisterlich weitergehen kann. Die These, dass Wirtschaftswachstum auch Wohlstand bedeutet, hat ausgedient und hat bei einer Bevölkerung von 8 Milliarden Menschen ihre Gültigkeit eingebüßt. Das „immer Mehr" hat unweigerlich zu immer mehr Weltkrisen geführt. Wenn wir uns jetzt von ihnen befreien wollen, müssen wir uns auch von den turbokapitalistischen Wirtschaftszwängen befreien.

Eine nachhaltige Gesellschaftsentwicklung muss zur Wertschätzung lebenswichtiger Güter kommen und damit sowohl ein zeitgleiches Wachsen wie auch Schrumpfen auslösen. **Wachsen** kann dann alles, was der Zukunftstauglichkeit wie auch zugleich einer global gerechteren Lebensqualität dient. Wachsen werden die globale Wahrung der Menschenrechte, die Ökolandwirtschaft, ein fairer Handel, der Schutz der Pflanzen- und Tierarten in der Landwirtschaft, in Naturschutzgebieten wie in Wäldern, Gewässern und Mooren. Wachsen werden die Wärmeisolierungen der bewohnten Gebäude, die Bereitstellung erneuerbarer Energien, gewonnen mit Hilfe von Sonnen- und Windkraft. Wasserstoff wird als Speichermedium für erneuerbaren Strom oder zum Antrieb von Brennstoffzellen genutzt. Wachsen muss notgedrungen auch die Einsicht, dass es auf einem materiell begrenzten Planeten kein unbegrenzt industrielles Wachstum geben kann und dass die anstehenden Weltkrisen nur gemeinsam mit einer solidarischen Weltregierung beherrschbar sein werden.

> Wachsen werden neueste Techniken der Energiegewinnung: Innovative Heizkonzepte mit von Treibhausgas reduziertem Heizöl aus Abfallstoffen (BioFuels, mit 80% reduziertem CO_2). Wasserstoff wird mit Kohlenstoff aus CO_2 zu einem flüssigen Energieträger synthetisiert (eFuels), der neutral verbrennt. Außerdem kann CO_2 aus der Atmosphäre herausgesaugt werden und bei der Gewinnung von Kalk gebunden werden.

Schrumpfen wird alles, was die Ressourcen ausbeutet und den sozialen Frieden und die Gerechtigkeit stört. Schrumpfen werden der Einsatz fossiler und nuklearer Energien, der Auto- und Flugverkehr, das Verbrennen der Regenwälder, die Massentierhaltung, der Gebrauch von Kunstdünger, Schädlings- Unkraut- und Pilzgifte. das liberalkapitalistische Wirtschaften, die Spekulationen mit Nahrungsmitteln, das verschwenderische Wettrüsten mit dem Ausbau militärischer Arsenale, eine Politik, geleitet von rassistischen, narzisstischen, nationalistischen, populistischen und totalitären Einstellungen.

Der rasante Fortschritt in der Industrialisierung und die überhastete, ungesteuerte Globalisierung, angetrieben von einem gierigen, ungezügelten Kapitalismus, haben uns die aktuelle planetarische Poly-Krise beschert. Sie ist soweit angewachsen, dass ihre chaotischen Folgeerscheinungen die Menschheit erschrecken und vor allem bei der Jugend Zukunftsängste wecken. Von sich aus werden die Weltkonzerne, die Global-Players, wie Google, Amazon, Microsoft, Samsung, ... die übermächtigen Akteure der Börsen- und Finanzzentralen, der Industriewirtschaft und die Agenten der Digitalisierung, des Ausbaus von Internet und IT-Systemen den Schalter nicht umlegen und den Ruf nach weniger Konsum und ökologisch kontrolliertem Wachstum unterstützen. Nur eine globale Gesetzgebung und Rechtsprechung kann eine soziale Marktwirtschaft zum Wohle aller Weltbürger begründen. Das global verflochtene Wirtschaftssystem muss neu durchdacht und fairer geordnet werden. Das kann nur gelingen, wenn die Regierungen der reichen, Industriestaaten der Welt eine kontrollierte und mithin disziplinierte Marktwirtschaft zulassen und nach der verinnerlichten Gesinnung, „Eigentum verpflichtet", ihr weltpolitisches Denken und Handeln ausrichten, d.h. in gemeinsamer Überzeugung die anerkannte Verantwortung und Verpflichtung zu einer ökologischen, gerechten, solidarischen Weltwirtschafts- und Finanzordnung vollenden. Um diesen Traum der Menschheit zu verwirklichen, wird es ohne den weltweiten Druck von der Basis und aus der Mitte der Weltbevölkerung nicht gehen.

Nun stehen die hohen Herren aus Wirtschaft und Politik als Nachfolger der Problemverdränger ziemlich ratlos vor einer Serie von nicht mehr wegzuleugnenden Weltkrisen, die ineinander verflochten, zu einer bedrohlichen Polykrise ausgewachsen ist. Den **Umwelt- und Friedensorganisationen** war schon frühzeitig bewusst geworden, dass die Zukunft des Planeten Erde und der Menschheit bedroht ist, wenn die Wachstumseuphorie, das militärische Aufrüsten und der Waffenhandel nicht gebremst werden. Sie warnen vor dem steigenden Energieverbrauch aus fossilen Brennstoffen, vor den vielseitigen Umweltverschmutzungen und den Ausbeutungen der Lebensgrundlagen. Sie werben erfolgreich um Mitstreiter und Förderer. Mit außergewöhnlichen, Aufsehen erregenden Aktionen und Kampagnen stemmen sie sich gegen die Wirtschaftskonzerne und schaffen in der Öffentlichkeit und der Politik ein Problembewusstsein für gefährliche Verirrungen der Bewohner vor Ort und der Völker in ein verhängnisvolles Chaos. Als verdienstvolle ehrenamtliche Verbände haben sich beispielhaft bewährt: **Der Bund für Umwelt und Naturschutz (kurz Bund), Greenpeace, WWF Deutschland, Deutsche Umwelthilfe, Deutscher Naturschutzring, Robin Wood, Nabu (Naturschutzbund), Klima-Lobby Deutschland und aktuell die globale Bewegung „Fridays for future"** Die weltweit agierenden Organisationen einerseits und die uneinig unbeholfenen Regierungen der Völker unserer Welt andererseits bezeugen, dass die Zeit reif ist für eine Weltregierung mit einer robusten „Weltinnenpolitik" (C.F. Weizsäcker, 1964). Der besorgte Generalsekretär der UN hat eindringlich alle Weltbürger aufgerufen, ihm „Ideen und Strategien" mitzuteilen. Wer könnte das offenkundig überzeugender und authentischer als die Umwelt- und Friedensorganisationen mit ihrem Kerngeschäft vor Ort? Die UN könnten mit gebündelter Kraft mit deren Erfahrungen und zielführenden Strategien, je nach regionalem Bedarf, alle Natur- und

Umweltkrisen packen und zügig, billig und nachhaltig bremsen und schließlich auch stoppen, ehe Welt und Natur an ihren tragischen Kipppunkten ankommen und aus den Fugen geraten. Die Umweltverbände erhalten dann in dem globalen Tätigkeitsfeld ein größeres Gewicht. Mit wachsender Bedeutung und Anerkennung kommt auch die Förderung mit öffentlichen Geldern in Betracht.

All das hieße, die Zukunft retten, die den Traum der ganzen Menschheit von einer gerechten und friedlichen Welt verwirklichen könnte. Diese intensive Teilhabe an einer entscheidenden Fortentwicklung der Weltgeschichte setzt Mut, Kräfte und Zuversicht frei und erweckt ein starkes Vorgefühl von großen Dingen.

Massendemonstrationen gegen Korruption, Betrug und Bereicherung zu Lasten der Bevölkerung haben totalitäre Regime schon oft ins Wanken oder zum Einsturz gebracht. Die sozialistischen Diktaturen des Ostens zerbrachen vor 30 Jahren. Doch gibt es politische Tendenzen, dass populistische Emporkömmlinge in Krisenzeiten neue nationalistische Gewaltherrschaften anstreben. Sie spalten die Nationen und beeinträchtigen die notwendigen, gemeinsamen Kräfte und Anstrengungen zur Bekämpfung der anstehenden Weltkrisen. Dieser politische Egoismus scheint sich zu einer weiteren gefährlichen Weltkrise auszuarten. „Wehret den Anfängen" in dem Bewusstsein, dass wir alle nach den Menschenrechten gleichberechtigte Weltbürger, Geschwister sind und bleiben dürfen! Keine Gewaltherrschaft darf unterdrücken und versklaven. Jeder hat seinen Platz unter dem Schutz und Schirm der Menschenrechte.

Wir befinden uns inmitten einer uns noch weitgehend unbekannten, gesellschaftlichen Wirklichkeit, der sog. „Post-Wachstumsgesellschaft" Doch wird uns das Vertrauen und die Überzeugung, dass menschliche Intelligenz, technologisches Vermögen, verbunden mit vereintem solidarischen Denken, Fühlen und Handeln unseren leidenden Planeten noch vor seinem Zusammenbruch und Niedergang retten können.

Unser Bewusstsein, eine Funktion von geistigen Gehirnprozessen ist charakterisiert durch vier bedeutsame Fähigkeiten:

1. Aus verschiedenen Bereichen der Wahrnehmung und Erfahrung gelingt ein relativ gutes Verständnis einer Gesamtsituation.
2. Mit der Abstraktion der menschlichen Sprache werden verschiedene Ebenen der Anschauung, des Denkens, der Fantasie ermöglicht.
3. Die erkenntnisgestützte Empathie erlaubt es, sich in die Gefühle, das Wissen und die Vorhaben anderer hineinzuversetzen.
4. Das Zeitverstehen verfügt über Erinnerungen ebenso wie das Vorausschauen in Handlungsmöglichkeiten in einen Zukunftshorizont.

Diese Fähigkeiten erschließen eine Basisfähigkeit zu einem umfassenden und zielführenden Denken und Handeln (nach Prof. Alfred Gierer). Die verschiedenen schnellen und zeitgleichen Entwicklungen von wirksamen Impfstoffen und Testverfahren bezeugen auch unmissverständlich, dass auch die Corona-Pandemie beherrschbar geworden ist.

Dennoch kann der forschende Mensch nicht fehlerfrei bleiben, weil der Durchblick in den Beziehungsreichtum der Natur mit seinen eingeschriebenen, naturgesetzlichen Wechselwirkungen noch zu umfangreiche Lücken aufweist. Wir sind umfangen von einer bezaubernden Wunderwelt und erschaudern vor ihren Naturgewalten. Die sich mehrenden Naturkatastrophen sind von Menschen verursacht. Ihre Wurzeln haben sie alle in der überstürzten neoliberalen Wirtschaftsideologie, die mit hoch entwickelter Technologie viel zu unbändig gierig nach Profit und Gewinnmaximierung lechzt. Unverkennbar hat sie auch den zwangsläufig misslungenen Werdegang der Globalisierung zu verantworten.

Die Wissenschaft hat aus Fehlschlägen und Trugschlüssen gelernt und warnt schon seit Jahrzehnten vergeblich vor den andrängenden

Weltkrisen. Forscher und Ingenieure sind mehr denn je gefragt, wo neue wirkungsvolle Technologien und angemessene Strategien zur Beherrschung der planetarischen Krisen unerlässlich geworden sind. Der Club of Rome hat mit seinem Zukunftswerk: „Die Grenzen des Wachstums“, Deutsche Verlagsanstalt Stuttgart 1972) auf die wirtschaftlich menschengemachten Weltkrisen hingewiesen, die bei stetigem Anwachsen des Ressourcenverbrauchs den gebrechlichen Planeten ruinieren und das Leben auf der Erde bedrohen. Damals waren schon Vorboten für Naturkrisen zu bewältigen, die aber mit den Dimensionen und der Vielfalt der heutigen Multi-Krise nicht vergleichbar sind.

Der Klimawandel setzte zunächst unbemerkt, aber sich stets beschleunigend ein, und seine heute alarmierenden Folgeerscheinungen stellen alle Völker dieser Erde vor gewaltige Herausforderungen. Zeitnah mehren sich dazu noch die Krisen der globalen Überbevölkerung, des Artensterbens, der Umweltverschmutzung, des noch weiter ansteigenden Ressourcenverbrauchs und des unheilvollen Wettrüstens bis in das Weltall hinaus.

Die globalisierten Weltkrisen erscheinen der Zukunftsforschung in einem radikal neuartigen Entwicklungsstadium, das zum radikalen Perspektivwechsel zwingt. So muss auch **die wirtschaftlich kapitalistische Ausbeutung mit Gewinnmaximierung** als Unrecht und unterschwellige globale Weltwirtschaftskrise aus der Weltgesellschaft verbannt werden. Konkret ist es die Aufgabe der Politik, der Kirche, der Wirtschaft und Kultur, ihre **Macht über die Menschen** unter das Maß des Rechtes zu stellen. Es darf nicht das Recht des Stärkeren, sondern die Stärke des Rechts den Umgang miteinander bestimmen. Andernfalls artet die Macht zur rechtlosen diktatorischen Gewalt, Willkür und wirtschaftlich gesehen zur Ausbeutung aus. Sie wird zum Vorrecht derer, die sich in eine Machtposition gebracht haben. Dies gilt ebenfalls in umfänglichen

Lebensbereichen wie der Politik, Kultur, Religion, Arbeitswelt und Digitalisierung. Wo die Hand der Macht die Zügel führt, verliert das Recht. Die gemeinsam gelebte Freiheit und Ordnung lösen sich auf in eine Anarchie.

Diese Probleme können politisch mit der Verfassung einer Demokratie gelöst werden, weil mit ihr alle am Entstehen des Rechtes direkt als Politiker oder indirekt als Wähler mitwirken und mithin das Recht aller ist. Es verdient Achtsamkeit und Beachtung, muss gewürdigt und befolgt werden. Die gemeinsame Rechtsgestaltung und die vom Recht gesteuerte Macht der Verwaltung sind die wesentlichen Gründe, dass die demokratische Verfassung als die beste Form für eine angemessen freiheitliche Ordnung gelten kann. Dies gilt insbesondere auch im Hinblick auf eine anerkennungswerte Weltregierung. Sie gibt den ethischen Grundlagen des Rechts, die sich aus dem Wesen des menschlichen Seins erschließen, Anerkennung und allgemeine Gültigkeit. Als „Allgemeine Erklärung der Menschenrechte" sind sie in der Generalversammlung der UN vom 10. Dezember 1948 als das von „allen Völkern und Nationen zu erreichende gemeinsame Ideal" unantastbar geworden. Genauso gibt es in der realen Welt auch das Unrecht, das für das Menschsein auch immer Unrecht bleiben muss.

Sicher haben die Menschenrechte nicht in allen Punkten die volle Zustimmung in muslimischen oder spätmarxistischen Kulturkreisen erhalten. Dennoch bleibt der ethische Ansatz der Grundrechte für alle Menschen überzeugend, und einige marginale Kompromisslinien sollten vereinbart werden können.

Ebenso muss mit dem neu einsetzenden Wettrüsten Schluss sein, weil es die Mittel zur Bekämpfung der Krisen vergeudet. Das Wettrüsten bleibt immerzu ein Skandal, solange noch vielen Völkern Afrikas, Mittel- und Südamerikas ausreichend sauberes Trinkwasser fehlt und sie unter Epidemien, Hungersnot, Kinderarbeit, Bildungsnotstand leiden. Notlagen lösen Aufstände, Revolutionen,

Unterwerfungen, Kriege und Terror aus. Religionen werden dabei als willkommene Rechtfertigung missbraucht. Im täglichen Lebenskampf gedeihen Macht- und Besitzgier. Sie wiederum spülen Gewaltherrscher und Diktatoren als erhoffte Heilsbringer an die Spitze des leidenden Volkes. Zudem vergiften Korruption, betrügerische Börsenspekulationen, Geldwäsche und Steuerparadiese die Finanzwelt.

In diesen desolaten Zuständen der Welt lässt sich die Globalisierung nur als bedeutender Beweggrund für ein apokalyptisches Katastrophen-Szenarium begreifen, vergleichbar mit einer riesigen Zange, unter deren Druck alle Lebenskräfte schwinden. So gesehen wird die Globalisierung selbst zum Übel, zur Plage, von denen sich die Welt wieder befreien muss. Aber muss und kann sie wirklich nochmal abgeschüttelt werden? - Nein, die Globalisierung gehört zu den bedeutendsten Entwicklungssprüngen der Menschheitsgeschichte, vergleichbar mit der Industrialisierung. Auch damals sind alle Kämpfe und Widerstände gescheitert. Ebenso wird die Globalisierung als machtvolle Wirklichkeit unsere Zukunft prägen. Auch die sie tragende, unaufhaltsam digitalisierte Globalisierung ist eine von Menschen gewollt gemachte Errungenschaft und kein hereinbrechendes Schicksal. Im Gegenteil, sie kann auch zur Rettung unserer Zukunft dienen, wenn sie mit dem Profil der allgemeingültigen Werte und Rechte ausgestattet wird, die da sind: Solidarität, Menschen- und Naturrechte, Nächsten- und Naturliebe, Einigkeit und Frieden, Gemeinsinn und Zusammenhalt, Gleichberechtigung und Toleranz. Demnach muss die Globalisierung neu verhandelt werden. Abkommen müssen so angelegt werden, dass sie Länder wirtschaftlich, politisch, kulturell, religiös verbinden. Dann bieten sich Chancen für eine greifende universelle Weltordnung, die mit internationaler Zusammenarbeit Konflikte verhindern und interplanetarische Krisen bremsen kann. Gegenwärtig ist jede globale, im Gemeinsinn geregelte, vertragliche Verbindung im wirtschaftlichen und gesellschaftlichen Austausch wichtig. Sie schafft Vertrauen und öffnet Möglichkeiten, die Polykrise gemeinsam zu überwinden. In dieser Gestalt und Struktur wird sie zum Rettungsanker für unsere von vielen Krankheiten infizierte, krisengeschüttelte und sterbenskranke Weltkugel.

Wir haben bereits ein halbwegs bis gut funktionierendes Weltforum in der UN, dem alle Staaten schon angehören. Es kann und muss in Zeiten der Weltkrisen und ihren politischen Unruhen mit seiner Verfassung und den darin festgeschriebenen Werten mehr Beachtung finden. Es könnte zur Folie werden, auf der eine interplanetarisch geeinte und versöhnte Weltlebensgemeinschaft in Gestalt einer demokratischen Weltregierung verfasst werden könnte. Ihre Weltinnenpolitik kann die globale Verwirklichung der Menschen- und Naturrechte, mithin Überlebensprogramme entwickeln, die Sicherheit und Lebensqualität garantieren.

Dies bedeutet radikales Umdenken und entschiedene Umkehr. Es kann nicht so weitergehen, dass alljährlich immer mehr Kapital aus den Staatskassen der industrialisierten Wohlstandsländer zu den Rüstungsunternehmen fließt. Wettrüsten spaltet, mehr noch als in alten Zeiten. In unserer globalisierten und kleiner gewordenen Welt sind Einigkeit, entschlossener Gemeinsinn und globale Zusammenarbeit unverzichtbar geworden.

Warum bleibt das Wettrüsten in der Welt immer noch trotz globaler Krisendynamik bestehen? – und wird sogar noch verstärkt und raum- und zeitlos betrieben? In jedem Lebewesen dieser Erde ist biologisch ein Überlebensbedürfnis angelegt und es besitzt dazu entsprechende natürliche Fähigkeiten und Antriebe. Bewusstsein und Intelligenz ermöglichen dem Menschen, seine natürlichen Selbstschutzkräfte mit technischen Erfindungen immer perfekter und effektiver auszugestalten. Mit hoher Erwartung überträgt er diese technische Schutzfähigkeit als wichtige Angelegenheit auf die Regierung des eigenen Volkes.

Nun aber ist das mannigfaltig angelegte Waffenarsenal, das eigentlich beruhigenden Selbstschutz in Sicherheit verbürgen sollte, zu einem beängstigenden, globalen Unsicherheitsfaktor geworden. Das anhaltend abartige Wettrüsten hat sich zu einem übersteigerten Vormachtstreben entwickelt. Machtgier treibt die Militärlasten in die Höhe und findet in sich selbst Rechtfertigung. Doch springt jeden nachdenklichen Weltbürger die Frage an: „Welchen Sinn hat dieses rasante Aufrüstungsgeschehen, das sich nun noch ins nahe Weltall ausdehnen soll, wenn es schon seit Jahrzehnten ein Übermaß von mehrfacher Zerstörungsgewalt des Lebens auf unserem Erdball erreicht hat? Es wäre doch denkbar und vernünftig, anfangs wenigstens die Hälfte der Rüstungs- und Kriegskosten von jährlich 2,5 Billionen Dollar von dem Konto Angst und Misstrauen auf das Konto Frieden und Gerechtigkeit umzubuchen. Dabei kämen **täglich 3 Milliarden Dollar** zusammen, die für Entwicklungshilfe in Armutsländern, für die Energiewende, für Klima-, Umwelt-, Arten- und Gesundheitsschutz verfügbar wären. Es könnten immer mehr werden, wenn die Entwicklung der Weltinnenpolitik sich immer überzeugender als Friedensstiftermodell präsentiert.

Im Zeitraum von einer Generation bis 2050 könnte unser Planet zu einer nachhaltig bewohnbaren, menschen- und naturfreundlichen Heimat umgewandelt werden. Es wäre denk- und machbar, dass ein alter Menschheitstraum keine aussichtslose Zukunftsfantasie mehr bleiben müsste, wenn in vertrauensvoller Zusammenarbeit mit der UN eine friedfertige Weltpolitik von oben her mit Sachverstand und gutem Willen auf den Weg gebracht werden könnte. In einer im Gemeinsinn versöhnten Menschheit wären alle Zweifel an der Überlebensfähigkeit des Menschengeschlechts und der Natur mit einer neuen und nachhaltigen Lebensqualität überwunden. Die letzten Katastrophen müssen auch den letzten Zweifler überzeugen: Globale Probleme sind nicht im Alleingang einzelner Staaten zu lösen. Sie werden scheitern. Das Afghanistan-Drama mit der Kapitulation und nun zum Ende der Selbstmordterror des IS-K (Islamischer Staat in der Nordprovinz Afghanistans) bei der Rettung von Flüchtlingen, sind nur der Startschuss für Empörung und Gegenterror der USA. Oder die Unterversorgung der Länder Afrikas mit Impfstoffen gegen das Corona-Virus verschafft diesem Freiraum, mit Mutationen zurückzukehren. Dass die auf Vorrat gehorteten Impfstoffe noch wirksam sein werden, kann man nur hoffen.

Am 22. Januar 2021 ist der „Atomwaffen-Verbotsvertrag der Vereinten Nationen in Kraft getreten und ist mithin geltendes Völkerrecht geworden. Er verbietet den Einsatz, die Entwicklung, Produktion, Lagerung und die Drohung mit dem Einsatz von Atomwaffen. Ist dies nicht ein Meilenstein in der Geschichte der Menschheit? Wer aber hat davon erfahren? Von den Atommächten waren keine Erklärungen zu vernehmen. Sie verschweigen und verdrängen das Recht der Menschheit auf eine atomwaffenfreie Welt. Und wie reagieren die Völker und die Weltbürger? Sie verzichten auf ihr Recht und verharren in Gleichgültigkeit. Verträge lassen sich leicht kündigen, missachten oder gar übertreten. Sie müssten Bestandteil in der Verfassung der Weltinnenpolitik sein, sonst geben sie keine Sicherheit.

Richtet eine Regierung die Aufmerksamkeit ihres Volkes allein auf seine eigenen Bedürfnisse aus, wächst schnell ein eigensüchtiger Narzissmus heran. Trump: „America first! - America strong!“ Dies ist ein narzisstisch spaltendes Politikmuster, eine weltgängige Erkrankung unserer irrtümlich globalisierten Zeit, die von Selbstoptimierung auf Kosten anderer Völker geprägt ist. Aber genau darauf zielt die nationalistische Politik der Anhänger Trumps, Erdogans, Bolsonaros, Orbans, der Front National, oder der AfD ab. Diese unrechtmäßige, neoliberale Weltpolitik spaltet, grenzt aus, wo multilaterale Zusammenarbeit wichtig wäre. Trumps Erzählungen und Versprechungen von nie endendem Wachstum und der beständigen Verfügbarkeit von allem zum Billigpreis setzen die Regeln von sozial ökologischer und solidarischer Marktwirtschaft außer Kraft. Die mit

Zöllen und Embargos begleitete und aufgedrängte Geschäftemacherei überlagert die weltbedrohliche Polykrise, deutet ihre Symptome falsch, weil sie ihre Ursachen nicht begreifen kann oder will. Nach Trump bewegen sich Politik und Wissenschaft auf getrennten Gleisen.

Der globalisierte Welthandel ist keine Entwicklungs-, sondern auch zu einer Macht- und Herrschaftsfrage geworden. Kürzlich schloss China ein Freihandelsabkommen mit 15 Staaten des Ostens mit Australien und Neuseeland. Die vielseitigen Wirtschaftsbeziehungen haben durchaus einen positiven Aspekt, wenn diese Handelsverträge in gemeinsamen Regeln, die Gerechtigkeit und Solidarität respektieren sowie den Ressourcen- und Naturschutz berücksichtigen. Solche internationale Verbindungen ermöglichen einen zivilisatorischen Fortschritt und beachtenswerte Ansätze zur Überwindung der Weltkrisen hin zu einer rechtschaffenen Weltregierung.

Doch stattdessen lehnt der trumpsche und rechts ausgelegte Nationalismus und Rassismus jede Form einvernehmlicher, internationaler Kooperation ab. Trump stieg aus der Weltgesundheitsorganisation aus, blockierte die Welthandelsorganisation, verweigerte die Zahlungen an die UN, verließ das Pariser-Klimaabkommen und stellte die Nato infrage. Für seinen politisierten Welthandel galt nur das Recht des Stärkeren und dazu wurde eine gesteigerte militärische Aufrüstung unverzichtbar. – „Make America strong!"

Als Gegenbeispiel für eine international erfolgreiche, multilaterale und solidarische Wirtschafts- und Kulturgemeinschaft sei die EU erwähnt, die wie ein Dorn in Trumps politischem Denken steckte. Er wurde zu einem eifrigen Befürworter des Brexits.

Nach den schrecklichen Erfahrungen des Zweiten Weltkrieges haben kluge Politiker erkannt, dass der Frieden in Europa nur gesichert werden kann, wenn sich die Länder wirtschaftlich verbinden. Die ersten sechs Staaten gründeten in Rom die Europäische

Wirtschaftsgemeinschaft (EWG). Die sich im Warenhandel enger miteinander verbindende Gemeinschaft stärkte zugleich ihren Friedenswillen und die auf gegenseitigem Vertrauen wachsende Friedenspolitik. Der zollfreie Warenaustausch führte zum Wohlstand und zur Erkenntnis, dass erneute militärische Auseinandersetzung alle engen, in Jahrzehnten aufgebauten wirtschaftlichen, kulturellen, sozialen Verbindungen zerschlagen würden. Doch diese Erkenntnis blieb bedeutungslos, weil der praktizierte, faire Handel und der einvernehmliche Umgang miteinander sich als unbezweifelbar weitgehend solidarisch, gerecht und friedenswirksam erwiesen haben. Der Friedenswille wuchs als Geschenk in der solidarisch ausgelegten Entwicklung. Bis hin zu persönlichen, familiären Beziehungen wurden freundschaftliche Bindungen geknüpft. Die Landesgrenzen fielen und eine einheitliche Währung vereinfachte die geschäftlichen Beziehungen. Immer mehr europäische Völker suchten den Beitritt zu dieser entstandenen Wirtschafts- und Friedensunion. Die EU ist bis heute Garant für die längste Friedenszeit, die Europa jemals erfahren durfte. Dieses Beispiel zeigt, dass solidarische, multilaterale, wirtschaftliche Beziehungen - auch auf dem gehobenen Niveau einer fairen, sozialen Weltmarktwirtschaft - der beste Garant für den Weltfrieden werden könnte. Mithin öffnet die EU auch eine notwendige Perspektive auf eine mögliche, die Weltkrisen zuverlässig bezwingende, den Weltfrieden hütende und die Zukunft rettende Weltregierung.

Anieszka Brugger, Bundestagsabgeordnete und stellvertretende Fraktionsvorsitzende der Partei Bündnis 90/Die Grünen glaubt, dass Frauen mit mehr Empathie für das Leid der Menschen, insbesondere für Frauen und Kinder eher und nachhaltiger wahrnehmen und überzeugender sichtbar machen können als die männlichen, mehr nach Macht heischenden Kollegen. In einem familiär feministischen Ansatz stellen sie eher Rechte und Bedürfnisse der lebenswichtigen Familien- und Volksgemeinschaften in den Mittelpunkt ihrer zivilgesellschaftlichen Überlegungen als militärische

Sicherheitsbedenken und Wettrüsten. Wir konnten die Erfahrung machen, dass es auf keinen Fall sinnvoll war, Frauen und Mütter als Verteidigungsministerinnen zu bestellen. Sie fühlten sich im diplomatischen Umgang mit den strategischen Erwartungen der hohen Militärs und den aufdringlichen Lobbyisten genötigt, Sachverstand und Männlichkeit zu demonstrieren, obgleich ihr Fühlen und Denken als Familienmütter auf anderen Wellenlängen ausgelegt ist. Hohe Summen an Beraterverträgen fielen an und dennoch blieben die angesprochenen, grausigen Misserfolge bei den Geschäften mit Rüstungskonzernen nicht aus.

Stellen wir uns doch der Realität. Die weibliche Repräsentanz für das Aushandeln und Anwenden von Menschenrechten und die Lust und Liebe zu sozialer Gerechtigkeit im geduldigen Ringen um Ausgleich und Frieden stellt sich erfolgreicher dar als die männliche. Traditionell leiteten Frauen das Bundesministerium sowie die Landesministerien für Familie, Senioren, Frauen und Jugend. Ihre Dienste sind zur Säule des gesellschaftlichen Ausgleichs und Friedens geworden. Warum sollen nur männliche Regierungsmitglieder das Außenministerium übernehmen dürfen? Ihre natürliche Begabung zur Weltdiplomatiefähigkeit haben die erste Bundeskanzlerin in Deutschland, Angela Merkel und die erste EU-Präsidentin, Ursula von der Leyen, bewiesen. Es besteht nicht ansatzweise ein Verdacht auf Korruption oder die Gier nach totaler und lebenslanger Machtfortschreibung. Sollte es doch einmal gelingen, eine in Zwietracht gespaltene und politisch zerfetzte Staatenwelt in einen gerechten und versöhnten Staatenbund mit einer demokratisch gewählten Weltregierung mit Gewaltenteilung zu verwandeln, so wird dabei die weibliche Weltdiplomatiekraft eine übergeordnete, unverzichtbare Rolle spielen. Aus der weiblichen DNA entfalten sich Qualitäten, die nicht nur das Erreichbare möglich, sondern auch unmöglich Erscheinendes erreichbar machen. Das politische Geschehen liegt in der Welt noch vornehmlich in den Händen und Köpfen bei den machtgierigen Männern. Solange sie eine dünnhäutige, machtbeseelte Politik betreiben, sehe ich noch zu wenig Bewegung in Richtung Weltfrieden, Gerechtigkeit, Abrüstung und Bewältigung der Weltkrisen. Diese könnte eine solidarische Weltregierung am sichersten, billigsten und schleunigsten besorgen. Aber leider findet diese Vorstellung in den macht- und besitzgierigen Köpfen der meisten politischen Emporkömmlinge keinen Raum, und die Rettung unseres wundervollen, aber leidenden Planeten wird vertagt und fortgeschrieben.

Es wächst in Deutschland ganz konkret die Hoffnung, dass für unsere ausscheidende Bundeskanzlerin, Angela Merkel, die mit heftigem nationalistischem und rassistischem Widerstand von rechts ihre politisch soziale Einstellung behaupten musste, eine würdige Nachfolgerin gefunden wird.

Die Weltpolitik steht heute, wie noch nie zuvor, an einem existentiell bedeutsamen Scheideweg. Bevor ihre Unentschlossenheit im notwendig gemeinsam abgestimmten Zusammenstehen in der Polykrise die letzte Chance für die Bewältigung ihrer selbst verursachten Umbrüche verpasst, muss die Masse der kleinen Leute spürbar Anstöße zum Handeln von unten geben. Noch fühlt sie sich ohnmächtig und hat doch gemeinsam so viel Macht und globale Veränderungskraft, wenn sie sich in zwangloser Kommunikation über das Netz verbindet. Die Jugendbewegung „Fridays for Future" des schwedischen Mädchens Greta Thunberg ist ein Vorgeschmack von dem, was möglich ist, wenn der Widerstand mit allen Altersgruppen schlagartig und weltweit koordiniert aufbricht. Dann kehren sich die Machtverhältnisse um. Bedenkt, vor 32 Jahren stürzten in Berlin die Mauern, und mancher Diktator in Afrika, Lateinamerika und Naherosten bekam die Macht der Jugend und der Unzufriedenen zu spüren. Die Jugend weiß, dass sie keine Schuld trifft, wenn die Welt ist, wie sie ist. Sie träfe aber Mitschuld, wenn sie so bliebe, wie sie geworden ist. Darum erhöht euren Druck, schreitet und schreit zum erweiterten Aufbruch über den Klimawandel hinaus! Nehmt die ganze desaströse Krisenlage der Welt in euren Blick! Auf dem vielgestaltigen Markt der Möglichkeiten braucht es die Masse der kleinen Leute in einer Zeit, in der die Großen fehlen. Die Möglichkeit, sich in zwangloser Kommunikation mit anderen weltweit zusammenzuschließen und einvernehmlich friedenswirksam zu handeln, ist euch allen buchstäblich in Kopf und Hand gegeben.

Politik konsequent im Sinne der Menschenrechte durchzuhalten, auch wenn nötig gegen die Erwartungen so mancher Bürger und Bürgerinnen, erfordert Mut, Ausdauer und Opferbereitschaft und ist nichts für Feiglinge. Kann man so viel Stehvermögen von einer aus freier Wahl hervorgegangenen, demokratischen Regierung erwarten? Zweifel daran lassen sich aus zähen Verhandlungen und zögerlichen Einigungen auf kleinstem Nenner oder gar Vertagung anstehender Problemlagen herleiten. Erst wenn die Opposition im Parlament - oder noch wirksamer – die Demonstranten auf den Straßen Alarm schlagen, nimmt die Regierung wahr, dass sie sowohl mit getroffenen wie auch unterlassenen Entscheidungen mal wieder auf dem Holzweg gelandet ist. Wo politische Entscheidungen in Krisensituationen anstehen, wo Opferbereitschaft und Vertrauen erwartet wird, geht nur eine überzeugte Menge der Weltbürger mit, wenn ihre Regierungen mit Sachverstand, Kraft und Entschlossenheit überzeugen können. Die Corona-Pandemie ist ein Prüfstein, der weltweit schnell und klar Schwächen und unsicheres Lavieren aufdeckt und bestraft.

Noch lehnt die florierende, kapitalistische Wirtschaft die ihr unpässlichen Vorhersagen als pure Schwarzmalerei der Wissenschaft ab. Viele ihrer Anhänger befürchten Verluste bei Wohlstand und Lebensqualität. Doch die erfahrbaren Katastrophenfälle der sich fortentwickelnden Weltkrisen bezeugen nun eindeutig die Wahrheit dieser Vorwarnungen. Die Unruhen auf den Straßen und die nun endlich angestoßene gesetzliche Bepreisung des Kohlendioxid-Ausstoßes zwingen die Industrie zu Überlegungen und

Betriebsumstellungen, die zum Schutz des Klimas beitragen können. Die Regierungsparteien in Deutschland sind schon mal, was den Klimawandel betrifft, hellhörig geworden. Aber sie verharren noch zu unentschlossen und zögerlich mit Blick auf die Prognosen der Wählerstimmen. Jedenfalls wird immer klarer, dass ihre bisher beschlossenen Maßnahmen zum Klimaschutz nicht ausreichen werden, um das angestrebte Ziel der Klimaneutralität bis 2050 zu erreichen.

Der Weltklimarat warnt in seinem Klimabericht (August 2021), dass sich die Menschen wegen der steigenden Temperaturen auf mehr Extremwetterereignisse wie Überschwemmungen und Hitze einstellen müssen. Mit neuen Messmethoden sei klar geworden, dass „der menschliche Einfluss die Atmosphäre, den Ozean und das Land aufgeheizt hat - Die Industrie– und Schwellenländer sind für 80% der bisherigen Emissionen der Treibhausgase verantwortlich.“ (so der Bericht). Weite Gebiete im Westteil Europas erlitten nie erlebte Überschwemmungen und der Süden entlang der Mittelmeerküste brennt.

Dennoch besteht die Hoffnung, dass eine robuste und friedfertige Weltrepublik mit einer gerechten Weltinnenpolitik alle aufgestauten Weltprobleme beherrschbar werden können. Mit einer gesetzlich gerecht ausformulierten Weltordnung kann sie alle Entwicklungskrisen packen und Welt und Natur so umgestalten, dass sie Lebensraum mit gleichen Rechten und Pflichten für alle Weltbürgerinnen und Weltbürger sein kann.

Das Coronavirus schenkt geradezu mit seinem Ausbremsen der gewohnten Betriebsamkeit die Ruhe und Muße zum Nach- und Umdenken. Wir befinden uns nicht wehrlos inmitten einer uns unbekannten, neuen Wirklichkeit und haben jetzt die einzigartige Chance, darüber nachzudenken, wie eine von umfänglichen Problemen durchgezogene Welt umgestaltet werden kann. Die Reichen der Welt, eingebettet im wachsenden Wohlstand, verhielten sich zu lange gleichgültig oder abweisend gegenüber den Erkenntnissen und verdrießenden Warnungen der Wissenschaft. Der Club of Rome hat über Jahrzehnte gewarnt, dass ihr Lebensstil zur Überlastung der Natur unseres Erdballs, seiner Pflanzen und Tierwelt führt. Ihre Untersuchungen und Erfahrungen offenbarten eindeutig, dass das Wachstum endlich ist und die Wirtschaftspolitik radikal umdenken muss. Zwischen Lebensglück und Reichtum besteht ohnehin eine unstabil-kippelige Beziehung. Aufgewacht und schockiert müssen die Erdenbürger sich aktuell eingestehen, dass sie die Wirklichkeit, die Komplexität des weltlichen Systems nicht begriffen oder nicht wahrhaben wollten. Wenn nun das angewöhnte Bestreben nach Güterwohlstand seine beherrschende Stellung verliert, kann das Erleben des Zeit- und Beziehungswohlstandes und die Wertschätzung der wundervollen Naturräume als neue Lebensqualität die Einschränkung eines schädlichen und überflüssigen Konsums sehr wohl entgelten.

Immer häufiger entwerfen Zukunftsforscher die Vorstellung einer „Weltregierung“ – hin zu einer „besser geordneten Welt“ (Ignaz Bender, DWV Baden-Baden, 2017) von einem „Parlament der Menschheit“ (Paul Kennedy, C.H.Beck, München, 2007)und „Frieden auf der Erde ist möglich“. (Dieter Klingel, Amazon, 2018).

Politiker und Parteien, die ihr Wirken unter dieser zeitnahen Notwendigkeit verstehen, können sich in die Liste der ganz großen Warner und Wahrsager und als geschichtliche Persönlichkeiten und Verbände der Menschheit eintragen.

Nun helfen keine Puma-Panzer, Fregatten der Köln-Klasse F220 und U-Boote 212A. Jetzt fühlt und zeigt man sich allerorten überrascht über eine so außerordentlich aggressive Eigenart eines Coronavirus, dessen Vorläufer mit ihrer Kampfkraft schon zu Beginn des neuen Jahrtausends auf sich aufmerksam machten.

Seuchenbekämpfung, Energiewende, Umwelt- und Artenschutz, Überbevölkerung, Ressourcenschonung kosten viel - sehr viel, aber

Verleugnung der Problemlagen mit Verschwendung der Mittel in Rüstung und Militär kosten die Zukunft. Die Pandemie verändert die Welt. Durch die hohen Verschuldungen der Staatshaushalte werden Reichtum und Vermögen geschmälert.

Die Coronapandemie ist eine einschneidende Herausforderung zur globalen Solidarität. Wir leben mit einem vertieften Empfinden der Gemeinsamkeit, der Einheit und Zusammengehörigkeit der ganzen Menschheit. Dies könnte und sollte eine wichtige Erfahrung und Erkenntnis aus dieser Pandemie bleiben. Bisher war der Lebensstil beim Streben nach Wohlstand und Sicherheit hintergründig geprägt und getragen vom volkseigenen Wahrnehmen, Denken und Handeln. Auch die Politik sollte bei ihren Entscheidungen erkennen lassen, dass sie die um ihre überkommenen Werte und Ideale ringende Weltgemeinschaft in ihrem Fortbestand bewahren muss. In Europa konnte so aus Not und Trümmern, die der 2. Weltkrieg hinterlassen hat, eine lange Friedenszeit gesichert werden und ein wieder lebensfreundliches Dasein ermöglichen. Aus schweren Zeiten konnten die Europäer lernen: Menschenleben sind alle gleich viel wert. „Alle Menschen sind frei und gleich an Würde und Rechten geboren. Sie sind mit Vernunft und Gewissen begabt und sollen einander im Geiste der Geschwisterlichkeit begegnen.“ (Artikel 1 der Menschenrechtserklärung der UN).

Ihr jungen Leute, ihr verkörpert in der Menschheitsgeschichte die erste Generation, die eine weltumspannend bedrohte Zukunft von euren Vorfahren übernehmen muss. Steht auf! Wehrt euch! Werdet zu Aktivisten, die eine von Gier und Egoismus übel zugerichtete Welt befreien und sie mit einer neuen und nachhaltigen Weltordnung ausstatten kann! Erkennt in den Krisen auch Chancen und nutzt sie! Wenn ihr in ganzheitlicher Zukunftsschau den Schwung eures hoffnungsfrohen Lebensmorgens als Chance und Herausforderung begreift, strebt ihr nach vorn – dahin, wo zukunftsnah kostbare Leitgedanken und verlockende Ziele reifen. Dann wird das Wort

Jugend zum Jawort für Zukunft und ein starkes Vorgefühl von großen Taten für eine neuartige Lebensqualität und den Frieden auf Erden. Seht doch, wie sich immer mehr Vorfahren euren Vorstellungen anschließen, weil sie doch auch aus dem Hamsterrad des immer Schöner, Bequemer, Reicher, Lustvoller, Stärker, Gewaltiger, Berauschender aussteigen wollen. Auch ihnen verheißen die hereinbrechenden Unheil-Szenarien nichts Gutes für die Zukunft.

Gemeinsam Zukunft retten, meint Herausforderung und Aufbruch zugleich. Überwindet eure Gleichgültigkeit, verbindet euch über das weltweite Netz, brecht auf und geht auf die Straßen, startet global gemeinsame Aktionstage oder –wochen! Die Zeit ist da, wo eine beständige, weltweite Lebensbedrohung in politischen Krisensituationen ausgeräumt werden kann. Mit der Schaffung einer Weltregierung wäre das Ziel einer atomwaffenfreien Welt leichter, schneller und sicherer zu verwirklichen!

Was wir gemeinsam brauchen, sind kluge Strategien und überzeugende Bilder, die vom Horizont der Zukunft verlockend herüberleuchten. Es geht uns um nichts Geringeres als um die „Heilung unseres kranken Planeten. Als eine Anregung zur Einstimmung auf das gemeinsame Zukunftsprojekt schlage ich vor: Über das Internet verbreiten möglichst viele Internetnutzer in möglichst vielen Sprachen die folgende ‚Frohe Botschaft‘: **„Wir Menschen auf unserer Erde sind alle Brüder und Schwestern. Wir wollen uns in geschwisterlicher Liebe begegnen und reichen uns die Hand zum Bunde gegen all jene Politiker, Parteien, Despoten, Religionsführer, Hassprediger, Rassisten, Ausbeuter und Kriegstreiber, die Unfrieden, Spaltung und Ausgrenzung predigen und betreiben. Wir alle wollen in einer globalen, sozial gerechten, friedlichen Weltgemeinschaft und einer geschützten Natur leben. Unsere eine Erde ist unser aller Heimat. Gemeinsam und friedfertig, eng miteinander verbunden sind wir mutig und stark. Wir retten unsere Zukunft!“**

Ein globales Verteilen von Flugblättern mit der frohen Botschaft und den Anliegen der globalisierten Bewegung schafft in vielen Familien und Völkern möglichst vieler Staaten eine breite Grundlage der Zuversicht und der Bereitschaft, sich an globalen Aufrufen zu gemeinsamen, friedlichen Aktionen zu beteiligen.

„Wir bauen miteinander am Weltfrieden. Wer baut mit?“ Weltbürger aus allen Kontinenten können online miteinander im Dialog, im Gedanken- und Meinungsaustausch als Mitbürger, Politiker, Händler, Wissenschaftler, Künstler, Sportler, Studierende, sowie im Vereins- und Glaubensleben persönliche Kontakte knüpfen. An gemeinsamen Aktionstagen können friedliche Demonstrationen, Menschenketten, Friedenslichter an den Fenstern, Flugblattaktionen, Kundgebungen der Freundschaft im Internet grenzenlos abgesprochen werden. Freundschaftsgrüße und -angebote können offiziell wie auch persönlich ausgetauscht werden. Wir lassen uns nicht mehr von Hass und Feindschaft durch Populisten, Kriegstreiber gegeneinander aufhetzen Wir verbreiten diese frohe Botschaft milliardenfach, in möglichst vielen Sprachen übersetzt, in die entlegensten, bewohnten Behausungen unserer Welt. Lasst einen frischen Wind und einen neuen Geist um die Welt wehen, und er wird die Zukunft retten und erneuern!

Wir schaffen eine bessere Welt, weil wir Weltbürger unverbesserlich optimistische Aktivisten sind im Sinne der Geschwisterlichkeit aller Menschen. Wir treffen uns auf allen Straßen der Welt und verkünden unsere Einigkeit in unseren gemeinsamen Erwartungen an eine nachhaltig robuste Weltinnenpolitik, verwirklicht von einer demokratischen Weltrepublik. Nur sie kann Heil und Frieden bringen und nachhaltig sichern. Kriege werden zu historisch unmenschlichen Machenschaften und Fehlverhalten verurteilt.

Eine schlagkräftige Armee der Blauhelme wird am Anfang noch notwendig sein, um unterdrückte Völker von ihren korrupten, macht- und habgierigen Alleinherrschern zu befreien, sowie aus Verstecken blutig operierende Terroristen-Banden zu entwaffnen und wegzusperren. **Eine Institution Weltregierung kann auch militärisch von keiner Seite angegriffen werden. Sie besitzt weder Land noch verfügt sie über begehrte Reichtümer und Schätze. Sie ist ein ideelles Forum, aber von globaler Wirksamkeit.**

Ist die Weltregierung einmal globale Wirklichkeit, dann hat sie keine Militärausgaben mehr. Das totale Abrüsten kann beginnen. Es reicht eine global gut ausgerüstete und flexibel vor Ort verfügbare Polizeigewalt. Mit den dabei ersparten Mittel können Hungersnöte abgewendet, Schulen für Kinder einrichtet, Kinderarbeit, Ausbeutung und Unterdrückung gestoppt werden. Die globale Energiewende schreitet zügig voran. Die Vermüllung der Meere, die Vergiftung der Böden, Gewässer und der Luft werden in wenigen Jahrzehnten abgestellt. Das Artensterben wird gebremst. So haben wir den Fahrplan, wie wir auf schnellster, sicherster und billigster Weise unsere Zukunft werden retten können. Die Weltbürger haben dann das Wunder des Wandels geschafft, und eine neue Lebensqualität breitet sich aus, in der die Menschenrechte und das Weltethos zum Fundament des gesellschaftlichen Lebens geworden sind.

Ein weltumspannend abgestimmtes Gesundheitswesen bekämpft in allen Lebensbereichen der Natur aufkommende Epidemien und verhindert Pandemien. Überwunden sind Nationalismus, Rassismus, Raubkapitalismus, und mit Machtinteresse verbrämte Glaubenskriege und Terroranschläge. Kaltgestellt sind die korrupten macht- und besitzgierigen Finanz- und Industriebosse, repressive Parteien, Diktatoren und alle Abarten von Despoten.

Unsere Nachkommen sollen in einer demokratisch verfassten, parlamentarischen Weltregierung mit Gewaltenteilung in Gerechtigkeit, Sicherheit und Frieden leben können. Mit der damit gewonnenen Lebensqualität wird sich der Lebenstraum aller zuversichtlichen Weltbürgerinnen und Weltbürger erfüllen. Weil ihn die weitaus meisten Erdbewohner träumen, wird er auch Wirklichkeit werden.

Unterstützung kommt auch immer beständiger von den Weltreligionen. Dem Natur- und Menschenverständnis des Baha'i liegt sie, wie bereits dargelegt, seiner Weltanschauung zugrunde. Im gleichen Sinne sucht auch Papst Franziskus die Verbindung mit allen Mitmenschen und Religionen. Seine neue Perspektive im Sinne des Naturschutzes fand er im Alten Testament. Den Aufruf der Schöpfungsgeschichte: „Macht euch **die** Erde!“ ändert er treffend und zielführend ab zu der zeitgerechten Aufforderung: „Macht euch **der** Erde untertan!“ (Enzyklika „Fratelli tutti“, 2020). Die Erde könnte sehr gut ohne uns Menschen auskommen - aber wir niemals ohne sie.

Moralische Gesetze hören nicht in der Nachbarschaft auf, sondern sind in global vernetzter Wirklichkeit beständig. Somit kann globale Solidarität auch nur in Verbindung mit weltumfänglicher Gerechtigkeit verstetigt werden. Dazu brauchen wir eine vereinheitlichte, weltumfängliche Politik der Solidarität, die in Gerechtigkeit alle Umfelder des Daseins wie Wirtschaft, Finanzwelt, Wissenschaft und Forschung, Bildung, Gesundheitspflege, Verwaltung, Arbeitswelt und Kultur durchdringt. Es ist eine Politik mit Widerstandskraft gegen nationalistische, rassistische, populistische und autokratische Strömungen und trügerische Heilsversprechen. Die Zeit für eine einheitliche internationale Politik ist reif. Nur sie kann die bedrohlichen planetarischen Entwicklungen erfolgreich angehen und der Menschheitsgeschichte eine gute Zukunft bewahren.

Was fehlt, ist die Bereitschaft der Staatenlenker im Forum der UN über eine Verfassung einer Weltregierung mit einer verbesserten Weltordnung nachzudenken. Diese Vorstellung ist nicht neu. Vor 75 Jahren hat sie 50 Staaten dazu bewogen, die Vereinten Nationen (UN) zu gründen. Im zweiten Artikel wird die Gleichheit aller Staaten festgelegt. Weiterhin werden Androhung oder Anwendung von

Kriegsgewalt zwischen zwei streitenden Staaten klar verboten. Doch im zuständigen Sicherheitsrat wurde den ständigen Mitgliedern, den Siegermächten des 2. Weltkrieges, ein Vetorecht eingeräumt. Jede Vetomacht kann allein Beschlüsse des Sicherheitsrates blockieren. Dies hat sich als weitreichende Schwäche erwiesen, die den Großmächten viel zu viele Freiräume in ihren Entscheidungen über Krieg und Frieden einräumten. Die entstandenen Machtblöcke, der Warschauer Pakt im Osten und die NATO der westlichen Hemisphäre standen sich im Kalten Krieg über Jahrzehnte mit zähnebleckendem Hass gegenüber und suchten im Wettrüsten die Vormachtstellung zu erringen. Über der ganzen Welt hing das Damoklesschwert eines Atomkrieges, und es gab brenzlige Situationen, wo mit ultimativen Forderungen der Heiße Krieg kaum noch für abwendbar erschien. Und es ereigneten sich täuschende Konstellationen, in denen eine Seite fürchten musste, dass der Gegner mit dem Atomraketenstart schon überfallartig begonnen habe.

Unter dem Schutzschild der Atommächte und ihrem Vetorecht wurden viele kriegerische Auseinandersetzungen möglich. Die eigentlich den Frieden sichernde UN musste zu oft dem Unheil tatenlos zusehen.

Über genügend eigene Waffen und militärische Stärke verfügt die UN nicht. Hier zeigt sich eine militärische Schwäche und fordert den Renovierungsbedarf ihrer Charta heraus. Ihre erklärte Friedenssicherung konnte bei zu vielen Friedensvermittlungsversuchen in mehr als 200 Kriegen nicht verwirklicht werden. Dennoch haben globaler Einfluss, konkrete Hilfestellung in Notlagen dazu geführt, dass die 193 Nationen in der Welt ihre Mitgliedschaft erklärt haben. Die UN bieten in ihren Vollversammlungen Diskussionsmöglichkeiten für die aktuellen Probleme unserer Zeit, die ein gegenseitiges Verständnis fördern. Zuletzt stand der „Klimawandel“ auf der Tagesordnung. Die UN75-

Initiative zielt darauf ab, einen Dialog und Maßnahmen zum Aufbau einer besseren Welt anzuregen.

Neben der Conorapandemie warten noch die weiteren internationalen, systemischen Probleme mit Katastrophendramen auf unser entschlossenes Vorgehen. Unsere rücksichtslos freie Marktwirtschaft und kleinkarierte Staatspolitik haben das Bild von Menschlichkeit gestückelt und zerrüttet. Doch eine erwünschte Zukunft mit weltläufiger Humanität, allseitig gerechter Lebensqualität und Sicherheit wird ohne Weltgemeinschaft nicht zu haben sein.

Demokratische Weltregierung als Garant für die Zukunft

Die andrängenden globalen Notlagen zwingen zu der Einsicht, dass die umfänglichen Problemstellungen unserer Zeit nur im Rahmen einer straffen Weltordnung zu bewältigen sind. Mit dem Weltparlament der ist uns eine Vorstufe eines gesetzgebenden Forums einer Weltinnenpolitik geschaffen. Mit dem Internationalen Gerichtshof mit Sitz in Den Haag ist das Rechtsprechungsorgan der UN vorhanden und damit eine Gewaltenteilung in einer Weltrepublik schon im Kern verfasst. Worin mehr Reformierungsbedarf besteht, ist bei der Zuteilung einer robusten exekutiven Gewalt, die einem neu verfassten Sicherheitsrat grundlegende Entscheidungsmöglichkeiten beim Schutz von Sicherheit, Gerechtigkeit und Frieden einräumt. Mit gutem Willen kann dieser gesetzliche Umbau der Charta zeitnah gelingen und die UN zu einem übergeordneten, globalen Friedensprojekt reformiert und umgewandelt werden. Wann dann, wenn nicht jetzt ist die Zeit des Handelns gekommen, zu dem der Aufruf des Generalsekretärs Antonio Guterres hinzielt. Er appelliert eindringlich an alle Weltbürger und Völker, den Stimmen der Jugendlichen, der Naturschützer und Friedensbewegten Gehör zu verschaffen: „Wir dienen der gesamten Menschheit. Um weltweit für alle befriedigende Lebensverhältnisse erreichen zu können, brauchen wir ihre Meinungen, ihre Strategien und ihre Ideen." Alle Weltbürger sind angespornt, diesem Aufruf zu folgen und die UN zu stärken, damit Worte nicht leere Hülsen bleiben, sondern zu Aufbruch und Erneuerung werden können. Der Mensch gilt nach seiner DNA und seiner Entwicklung als ein soziales Wesen. Überzeugend erleben wir aktuell wieder seine Hilfsbereitschaft in Unwetterkatastrophen in Westdeutschland. Sein entwicklungsgeschichtlicher Erfolg beruht auf seinem „Einfühlungsvermögen und der Fähigkeit zu kooperieren. Insofern liegt Altruismus in unserer Natur." (Prof. Kristina Musholt, Kognitive Anthropologie, Uni Leipzig) Es ist das gemeinschaftliche, zielgerichtete Handeln, das es möglich macht, Zivilisation aufzubauen, politische Gemeinschaften zu gründen, Wissen anzusammeln und moderne Technologien zu entwickeln. Wir können darauf vertrauen, dass sich die große Mehrheit der Weltbürger am Ende immer für das Miteinander entscheiden wird. Bei Nachfrage und Antrag kann der Generalsekretär eine Konferenz zur Überprüfung und Reform der UN-Charta einberufen. Der gesetzliche Rahmen der Charta könnte kurzfristig zu einer Verfassung einer Weltrepublik oder Weltunion umgestaltet und allen Völkern angeboten werden.

Die **Idee von einer Weltrepublik** ist nicht neu. Schon Carl Friedrich Weizsäcker rief zu Zeiten des atomaren Wettrüstens und des „Kalten Krieges" mit seiner bedrohlich rivalisierenden Interessenpolitik der kommunistischen und kapitalistischen Militärblöcke zum Verwirklichen einer globalen „Weltinnenpolitik" auf. Doch nichts hat sich dahingehend bewegt. Aber das anschwellende Unbehagen über die ohnmächtige Hilflosigkeit wird von den sich anhäufenden und wachsenden Verhängnisse in der Welt weiter verschärft. Das hebt die aktuellen Ziele der UN menschheitsgeschichtlich auf den obersten Rang. Die Antwort auf die Kernfrage, wie die nachfolgenden Generationen von einem „sozialen Suizid" (Prof. Edenhofen) verschont bleiben können, heißt UN. Ihre Charta muss im Kapitel

Sicherheitsrat vom Vetorecht befreit und weltpolitisch zupackend nachgeschärft werden, so dass eine robuste Weltinnenpolitik mit ihren Prinzipien Gerechtigkeit, Menschenrechte, Gewaltenteilung, Friedenssicherung und Solidarität die Einigkeit gewährleisten kann.

Die Zeithorizonte sind kurz geworden, wo sich die globalisierte Menschheit als Ganzes gesellschaftlich vereinen und sich in einer demokratischen Weltrepublik zusammenfinden kann. Andernfalls wird sich die Rüstungsspirale beschleunigt weiterdrehen, Kriege, Terror, Flüchtlingselend, Hungersnöte, Klimawandelfolgen, Umweltverschmutzung und Pandemien werden unabwendbar die Menschheitsgeschichte in sich steigerndem Leid und Elend fortschreiben. Es ist eine kleine aber lärmende und herausfordernde Minderheit von machtgierigen Autokraten, geschwätzigen Populisten, selbsternannten Tyrannen, fanatisierten Bandenführer, arglistigen Lobbyisten, religiös verbrämten Terroristen rücksichtslosen Kapitalisten und mitlaufenden „Pegida"-Leute, die politisch wegweisende Bündnisse und Gemeinschaften infrage stellen. Die freiheitliche Demokratie gewährt ihnen viele Freiheiten und schaut ihrem ungehörigen Treiben zu lange zu. Schon gegenwärtig müssen wir erleben, wie Nationalisten, Populisten und Rassisten mit trügerischen Versprechungen in die gewählten Parlamente drängen und mit Sitz und Stimme die Demokratien entwerten und zu Diktaturen umgestalten. Zeugnisse ihres Erfolges sind Grenzzäune und Mauern, rassistische Terroranschläge, Herabwürdigung und Bedrohung von Migranten. Sie rüsten geistig auf und versuchen die Spaltung der Lebensgemeinschaften, wie der großen Bündnisse, der EU oder UN.

Das materielle Maximierungsdenken der wohlhabenden, industrialisierten Staaten und die international, liberalisierte Diktatur der Finanzmärkte haben unseren Planeten in die Polykrise gestürzt. Aber die zersplitterte Menschheit ist nicht polykrisenfest. Jeder Staat schätzt die Bedrohung je nach eigener Betroffenheit unterschiedlich ein und verliert die globalen Verwicklungen und ursächlichen Querverbindungen aus den Augen. So bleibt der Einsatz gegen Krisen auf oberflächliche Symptombehandlung oder Anpassungsbereitschaft beschränkt. Die Ergebnisse der bisherigen Verhandlungen über den Klimawandel und seine Folgen lassen erkennen, dass man sich auf ein gemeinsames, ursächlich orientiertes Krisenmanagement bestenfalls auf der Stufe des kleinsten gemeinsamen Nenners und mit Ausnahmeregelungen einigen kann. Noch immer definieren die konservativen Führungskräfte, umworben von Lobbyisten, ihre Politik mit ihren kompromittierten, kleinen Verhandlungsfortschritten als „Kunst des Möglichen". Im aktuellen Zeitgeschehen mit Blick auf die Krisenbeschleunigungen muss sich Politik aber verstehen als eine Kunst, die das Notwendige möglich macht. Sie versagt, wenn sie an den selbst erkannten, globalen Nachhaltigkeitszielen scheitert. Politische Maßnahmen können sich nicht mit den kläglichen Vorstellungen der Anpassung an Fehlentwicklungen zufrieden geben, sondern müssen deren Ursachen angehen und deren Beseitigung erledigen. Alles andere ist zu wenig. Zielführend erfolgreich wird nur eine Politik auf globaler Ebene sein, die den gemeinsamen Interessen aller Staaten der Erde den Vorrang vor nationalen Belangen einräumt. Das kann nur eine souveräne Weltregierung mit einer sachgerechten, friedensorientierten Weltinnenpolitik leisten.

Fazit: Noch nie hat ein ganzes Bündel von global elementaren Krisen die Zukunft der Menschheit auf unserem Planeten bedroht. Die Katastrophen-Szenarien als Folgen dieser wechselseitig miteinander verknüpften Probleme beschäftigen schon über Jahrzehnte die Zukunftsforschung. Ihre Warnungen wurden aber vom Wohlstandsdenken, den begehrlichen Wachstumsversprechungen eines liberalisierten und ausbeuterischen Kapitalismus verdrängt. Erst die weltweiten Folgen der von Menschen gemachten Finanzkrisen, des Klimawandels, der Ressourcenausbeutung, der Schädigung von Lebensgrundlagen (wie Luft, Wasser, Boden), der Pandemien, des Artensterbens im Pflanzen- und Tierreich, unterstreichen die

Vorwarnungen der Wissenschaft. Katastrophen lassen den bedrohlichen Zustand der Welt folgenreich erfahren und bewusst werden. Eine Mehrheit der Weltbürgerinnen und Weltbürger erlebt sich hilflos einer anrollenden Polykrise gegenüberstellt.

Hilferufe werden auch in Deutschland massenhaft und lauter, so dass sie prompt im Wahlkampf auch bei den konservativen Parteien Gehör finden. Die Energiewende erscheint als vorrangige Absichtserklärung und Sympathieträger in den Wahlprogrammen der traditionellen Volksparteien, nachdem ihre Politik bisher zu lange zu wenig Interesse für die sich einschleichenden Nöte unseres Planeten gezeigt hat. Zugleich finden die Vorhersagen der Zukunftsforscher und Naturwissenschaftler sowie die Ermahnungen der Partei Die Grünen endlich mehr Beachtung bei den Wählern. Diese Partei, die schon früher ein Gespür für die Gefährdungen unserer Welt gezeigt hat, kann nun in der neugewählten Regierung entscheidende Weichen auf Energiewende und Umweltschutz umlegen. Ihr geschärfter Sachverstand und ihre aufgeschlossene Einsatzfreude finden vornehmlich bei jungen Wählern Zustimmung und wecken Hoffnungen auf eine wirtschaftspolitische Wende.

Mit der Energiewende, den Klimaschutz zu stärken, ist im Kampf gegen eine Palette von globalen Krisen ein bedeutsamer Schritt nach vorne. Die Klimaaktivisten sind sich auch bewusst, dass wir in Deutschland mit unserem zu spät und zögerlich aufgenommenen Kampf gegen den globalen Klimawandel und seine Folgen allein nichts ausrichten können. Doch kann unsere wirtschaftlich starke Nation mit einer Vorbildfunktion als Ideengeber und Hersteller von Erzeugnissen und Verfahren zur Bekämpfung der vielfachen Krisenerscheinungen die Wege zur Rettung der Zukunft aufzeigen und dabei voranschreiten.

Das Haupthindernis ist noch immer die gespaltene Welt mit ihrem insgesamt eingeschränkten, politischen Willen zum vereint entschiedenen Eingreifen. Zu vielen Regierungen fehlen Verständnis und Engagement, um die Chancen zu nutzen, die der Krankheitszustand des Planeten erfordert. Sie entziehen sich aller Verantwortung und taktieren als oberflächliche „Trittbrettfahrer“ nach dem Leitwort: „Lass die andern mal machen!“ Aber bei einer Verzögerung steigen die Risiken und Kosten der Krisen beschleunigt an, und alle werden betroffen sein. Die Wohlsituierten verlieren Wohlstand und Besitz und die Ärmsten bezahlen zu Unrecht mit Elend, Hungersnot und ihrem Leben.

Die interplanetarische Rettung der Zukunft kann nur realistisch zeit- und zielführend auf dem Fahrplan einer vereinigten Weltrepublik erscheinen. **Die Rettung der Zukunft drängt hin zu der hochaktuellen Notwendigkeit einer entscheidungs- und handlungsfähigen Weltrepublik.** Global gesehen, bietet sie die Chance, dass die selbst sich mit bedrängenden Krisen umstellte Menschheit noch genug Geist, Vernunft und Visionen abruft, um die wachsenden Weltkrisen mit den vorliegenden wissenschaftlichen Erkenntnissen zu begreifen und sich mit den bereitstehenden Technologien retten zu können. **Am wirksamsten, besten abgestimmt und mithin schnellsten sowie weitaus billigsten, kann die Weltrepublik mit weltweit ersparten Militärkosten die interplanetarischen Krisen abarbeiten, - und dies ist ohne viel Wohlstandsverlust, aber mit der Gewinnung von mehr Lebensqualität möglich.**

Die Übergangszeit bis dahin birgt die große Gefahr, dass Populisten, Nationalisten und Rassisten sich als Retter in der Not präsentieren, um dann als machtgierige Despoten ihren Untertanen Freiheit, Menschenrechte, Frieden und Sicherheit zu verweigern. Zwischen den aufgerüsteten Tyrannen entwickeln sich Rivalitäten, Spaltungen und Konflikte. Im Chaos dieser noch tiefer zerrissenen Welt, gedeiht die Polykrise und kann zur Poly-Katastrophe ausarten.

Soweit muss es nicht kommen. Dazu brauchen die Regierenden die unterstützende Kraft und den politischen Druck der Weltbürger. Ihre kommunizierten weltweiten Demonstrationen und Deklarationen sind ein unverkennbarer Ausdruck, dass die Zeit für Klarheit im Denken und Stärke im Handeln gekommen ist. Es ist ein Aufbruch, der Mut machen will zu dem einzigen durchführbaren Plan und sicheren Weg in die Zukunft. Wir haben dafür noch eine kleine Öffnung im Zeitfenster, und die Anforderungen zum Handeln steigen unerbittlich. So zögerlich wie in den letzten Jahrzehnten darf sich das Rad der Geschichte nicht weiter drehen. Der Tross der 193 souveränen Staaten dieser Welt ist zu langsam. Die Polykrise wird alle zu klein geratenen Abwehrmaßnahmen einholen und zerschlagen. Ohne gemeinschaftliche Bündelung aller möglichen Kräfte in einer Weltregierung mit robuster Weltinnenpolitik wird der „kollektive Suizid“ (Prof. Edenhofer) im nächsten Jahrhundert nicht zu stoppen sein.

Der Traum von einer nachhaltigen Zukunft für alle Menschen und Völker kann nur in einer auf Gerechtigkeit, Menschenrechte, Religionstoleranz und Frieden ausgelegten Weltinnenpolitik mit einer gleichermaßen gültigen, solidarischen Wirtschaftsordnung in Erfüllung gehen. In ihrem Zentrum steht ein direkt von den Weltbürgern/Weltbürgerinnen aller Erdteile gewähltes gesetzgebendes Weltparlament. Es könnte überschaubar auf maximal zwei Parteien begrenzt sein. Die Einzelstaaten bleiben föderal als Bundesstaaten bestehen. Die verschiedenen Verwaltungsebenen gliedern sich vertikal von den kommunalen Orts-, Bezirks-, Landes-, Staats-, Kontinentalverwaltungen bis hinauf zu der übergeordneten Weltverwaltung. Eine weltverfassungsgebende Versammlung soll entscheiden, wie die Zahl der Abgeordneten zu ermitteln ist. Neben dem Weltparlament sollte noch eine zweite Kammer, der Weltsenat, stehen. Er wird sich aus Vertretern der Kontinente zusammensetzen. Der Senat kann den parlamentarischen Gesetzgebungen zustimmen oder zur Überarbeitung zurückweisen. Das Weltparlament wählt den Weltkanzler. Dieser ernennt seine Minister, bildet sein Kabinett und ist verantwortlich für die

Ausführung der im Parlament beschlossenen Gesetze. Für die Rechtspflege bestehen schon nach der Charta der UN Internationale Gerichthöfe und können übernommen werden. Das meiste klingt nach einer Blaupause der Staatsform der BRD und ist es auch. Wie man sich eine Verfassung der Weltgemeinschaft im Detail vorstellen kann, hat Ignaz Bender in seiner Schrift „Weltordnung“ bereits ausführlich dargelegt.

Nur eine aus versöhntem Gemeinsinn geborene Weltregierung kann geschwind und preiswert die Energiewende umsetzen, den Schutz der natürlichen Ressourcen sichern, das Artensterben aufhalten, die kapitalistischen Auswüchse von ihrem deregulierten Finanzchaos befreien, das die Mittel verschleudernde Wettrüsten beenden, menschenwürdige Lebensbedingungen für alle Weltbürger schaffen, den Religions- und Kulturkampf bannen und somit für eine friedliche und besser geordnete Welt einstehen.

Die Weltrepublik kann und muss den schlechten Ruf der Globalisierung ausmerzen; denn eine Globalisierung, die eine kapitalistisch wirtschaftliche Ausbeutung mit ihrem von Gier und Egoismus bestochenen Finanzdiktat zulässt, kann keine Zukunft haben. Die Globalisierung kann nur Gutes bewirken, wenn Solidarität, Gerechtigkeit, Gleichberechtigung und Friedenswillen als ihre elementaren Werte Beachtung finden. Mit dem Aufbau umweltfreundlicher Technologien rund um den Globus und in allen Krisenbereichen können viele Arbeitsplätze mit fairen Arbeitsbedingungen geschaffen und allerorts mehr Lebensqualität gewonnen werden.

Also noch einmal: **Nichts kann schneller, sicherer, billiger und nachhaltiger die Zukunft retten als eine Weltrepublik mit ihrer umfänglich geordneten Weltinnenpolitik.** Werden und bleiben wir optimistisch! Nichts anderes bleibt uns übrig. Nur mit guter Zuversicht der meisten Erdenbürger kann es gelingen, dass wir gemeinsam und vereinigt in den nächsten Jahrzehnten die Natur unseres großartigen Planeten schützen und die Zukunft unserer gefährdeten Welt nachhaltig retten können. Unsere Nachkommen dürfen sich wünschen, dass unsere **Eine Welt eine gerechte, friedliche und menschenfreundlich geordnete Gemeinschaft wird und mithin Wohnzimmer aller Schwestern und Brüder sein kann.**

Leitsätze:

- Gier zerstört die Welt – Frieden sie erhält
- Frieden und Gerechtigkeit - besiegen Hass und Leid
- Wo Recht und Frieden zählen, sprießen Lebensqualitäten
- Empört euch! Wehrt das Unheil ab! Die Zeit wird knapp
- Wir sind doch nicht von gestern. Wir sind Brüder und Schwestern
- Jugend, ein Wort für Zukunft, Kraft und Tugend
- Statt feindschaftlich hetzen, auf Frieden setzen
- Grüne Energien nützen, heißt Natur und Umwelt schützen
- Geschwister frei und gleich – machen Zukunft schön und reich
- Habgier ist fatal, wo friedlos reizt das Kapital
- Zukunft haben – heißt: Begierden begraben
- Die Jugend bestellt die Regierung der Welt
- Vor allen Dingen, - Zukunft retten, - muss gelingen
- Völkerfreundschaft pflegen, statt Feindbilder hegen
- Statt Messer wetzen, auf Waffenruhe setzen
- Das A-B-C der Waffen -- ist jetzt abzuschaffen
- Geld für Krieg und Waffen, kann nicht Zukunft schaffen
- Waffenhandel befeuert Klimawandel
- Vieles wird uns fehlen, wenn Verrückte uns die Zukunft stehlen
- Gemeinsinn - schafft der Welt Gewinn
- Solidarität lässt Krisen zerfließen
- Als Brüder und Schwestern bestellt, bauen wir die neue Welt
- Habt Acht! Schützt die Welt mit Mut und Macht
- Je reicher wird die Oberklasse, je ärmer wird die breite Masse
- Die Welt heilen, heißt Wohlstand teilen
- Rebelliert, wenn die Alten prassen, die Jungen dafür schuften lassen
- Lasst uns empören, wenn Wahnsinnige die Welt zerstören
- Wer Lebensraum zerstört, kurzum auf den Mond gehört
- Weltkrisen erschrecken und Zukunftsängste wecken

- Im Aufbruch alle kämpfen sollen, für eine Welt, in der wir leben wollen
- Moral zu knapp in Politik, fördert Leid und Missgeschick
- Wirtschaften, getrennt von der Moral, ist den Bossen ganz egal.
- Menschenrechte, Liebe zur Natur, sind die rechte Lebensspur
- Will die Menschheit überleben, muss es einen Aufbruch geben
- Umkehr im Handeln und Denken, kann uns Recht und Frieden schenken
- Frieden und Gerechtigkeit bewahren Zukunft alle Zeit
- Das Liebesbündnis im Bahai, bringt Frieden und macht frei
- Ein Glauben ohne Kampf und Streit, schenkt Leben in Gemeinsamkeit
- Ein Vetorecht im UNO-Rat, den Frieden nicht gesichert hat

Empfohlene Literatur

Ignaz Bender: „Weltordnung - Der Weg zu einer besser geordneten Welt", DWV, Baden-Baden 2017

Paul Kennedy: „Parlament der Menschheit – Die Vereinten Nationen und der Weg zur Weltregierung", C.H.Beck, München, 2007

Club of Rome: „Grenzen des Wachstums", Rowohlt, 1973

Victor Hugo, Humanist, Dichter, Rede beim Pariser Friedenskongress 1849

Herbert Hoffmann: „Eine Zukunft beginnen, die neu ist" Paulinusverlag Trier, 2020

Papst Franziskus: „Laudato si", Umweltenzyklika, Herder, 2015,

„ Fratelli tutti" Enzyklika Geschwisterlichkeit, Herder, 2020

Marco Politi: „Franziskus unter Wölfen", Herder, Freiburg, 2015

C.F. Weizsäcker, Schrift: „Bedingungen des Friedens", 1964, Fordert eine Politik auf globaler Ebene, die den gemeinsamen Interessen aller Völker der Erde den Vorrang vor nationalen Belangen einräumt.

Rahmstorf, Schellnhuber: „Der Klimawandel", C.H. Beck, 2019, 9. Auflage

Jean Ziegler: „Das Imperium der Schande", Goldmann, 2007 - Broschüre gegen Kapitalismus und Globalisierung

Hans Küng: „Spurensuche", Piper, 1999, Stiftung des Weltethos

Alfred Gierer: „Die Physik, das Leben und die Seele", Menschliches Bewusstsein, Piper, 1985

Nelles/Serrer: „Kleine Gase – Große Wirkung - Der Klimawandel", Selbstverlag, 2018

Alt/Gollmann/Neudeck: „Eine bessere Welt ist möglich", Goldmann, 2007

Stephane Hessel: „Empört euch!“ Ullstein Verlag, 2011, 13.Aufl. „Engagiert euch!“ Ullstein Verlag, 2011, Gespräch mit Vanderpooten

Hubert Wolf: „Der Unfehlbare“, C.H.Beck, München, 2020, Kirchenhistoriker

Annalena Baerbock: „Jetzt. Wie wir unser Land erneuern“, Ullstein Verlag, 2021

Frank Schätzing: „Was, wenn wir einfach die Welt retten?“, KiWi Verlag, 2021

H.P. Martin/H.Schumann: „Die Globalisierungsfalle – Der Angriff auf Demokratie und Wohlstand“, Rowohlt, Hamburg, 1996

Franz Alt: „Sonnige Aussichten“, Gütersloher Verlagshaus, 2008

Leonardo Boff: „Ethik für eine neue Welt“, Patmos, 2000

Wuppertal-Institut (Hrg) “Fair Future. Begrenzte Ressourcen und globale Gerechtigkeit“, C.H.Beck, München, 2005

Anmerkung: Diese Denkschrift erhebt keinen wissenschaftlichen Anspruch. Natürlich sind alle Fakten recherchiert und nicht einer einzigen Quelle entnommen. In qualitativer, quantitativer, räumlicher und zeitlicher Hinsicht gibt es faktisch geringe Abweichungen. Die Quersumme der berücksichtigten Fakten belegt aber wissenschaftlich eindeutige Entwicklungstendenzen. Sie sind in einem extrem kurzen, geologischen Zeitraum von 200 Jahren ausgelöst, angehäuft und verstärkt worden. Die Hilferufe unserer Einzigen Erde fordern ein unverzügliches, wissenschaftlich begleitetes Handeln, solange die Kipppunkte der Weltkrisen noch nicht überschritten sind und das Chaos unvermeidbar geworden sein wird. Da Alleingänge von Nationen bei Weltkrisen nicht ausreichen, kann das Debakel der unerledigten Dauerkrisen nur von einer Weltrepublik nachhaltig und beschleunigt überwunden werden. Wörtlich übernommene Zitate sind im Text in Klammern ausgewiesen.

Dieter Klingel, Jahrgang 1939, Ausbildung zum Volksschullehrer, Studium der Sonderpädagogik an der Uni Mainz, Lehrer an Förderschulen, verheiratet, vier Kinder. Fernstudien im Quadriga-Funkkolleg in den Fachbereichen: Biologie, Umwelt, Theologie und Pädagogische Psychologie mit Fortbildung und Qualifikation zum Schullaufbahnberater

Wie kann die Zukunft unserer von Krisen geschüttelten Welt noch gerettet werden? Die ungeordnet fortschreitende Globalisierung bietet die Bühne auf der sich religiöse, finanz- und wirtschaftspolitische Machtinteressen austoben können. Empörungswellen der sich selbst ernannten „Querdenker“ wachsen heran und versacken in absurden Verschwörungstheorien. Giftiger Populismus und machtgieriger Nationalismus greifen nach der Macht und ihr eingeborener Hass zeigt seine Zähne. Nicht selten wird das Leben in vertrauten Kreisen aufgebrochen. Überlieferte Sitten, Werte, Weisheiten und Wahrheiten verlieren Halt und Stütze, verfallen und verkommen zu einem Gemenge ungewisser Suchverbindungen. In dieser weltgesellschaftlichen Gärungsmasse drängen Überheblichkeit, Selbstsucht, Rücksichtslosigkeit, Absonderung und Ausgrenzung nach oben. Gemeinsinn, Solidarität, Einigkeit, Humanität und Vernunft werden Opfer dieser sittlich-geistigen Weltkrise.
Hinzu kommen die Katastrophen-Szenarien der Klimawandelfolgen, der Ausbeutung der Lebensressourcen, der bedrohlichen Umweltverschmutzung und des klammheimlichen Artensterbens. Sie alle sind Hilferufe der Natur nach einer besseren Zukunft. Die Welt blutet an vielen Stellen. Das eindringliche Gefühl des Unbehagens drängt zum gemeinsamen Handeln und zu einem globalen Aufbruch. Drum „Weltbürger“ der Erde, vereinigt euch! Gebt einander die Hand! Fallt den Hasspredigern ins Wort und schlagt den Kriegstreibern die Waffen aus den Händen! Wir alle sind Schwestern und Brüder! Die Zeit für die Gründung einer Weltrepublik ist gekommen. Sie vermag alle Weltkrisen zu packen und dem Planeten Erde seine ureigene Bestimmung wieder zu geben, nämlich Lebensgemeinschaft und Heimat all ihrer wundervollen Geschöpfe zu sein.

Printed in Poland
by Amazon Fulfillment
Poland Sp. z o.o., Wrocław

86208410R00069